J'investis sereinement en immobilier locatif

7 clés pour sortir du brouillard fiscal

Independently published
ISBN : 978-1-0961555-3-9
24,80 €
Dépôt légal Mai 2019

Voici Ce Que Tu Vas Retrouver

Ils Témoignent 5

Préface 7

Note Importante 11

Pourquoi Investir En Immobilier Locatif 17

Ton Rôle En Tant Qu'investisseur 19

Les 2 Erreurs À Éviter Quand On Investit Dans L'immobilier Locatif 23

Ce Qu'il Faut Savoir Pour bien Débuter 39

Le Régime Fiscal Des Particuliers 45

- Comment est calculé l'impôt 47
- Quelle catégorie fiscale pour mes revenus locatifs 49
- Le régime forfaitaire appelé micro 49
- Le régime du réel 51
- Micro, réel, que choisir 52
- Revenu foncier, pourquoi le mal-aimé et le bien-aimé en même temps 54
- Les programmes de défiscalisation 55
- Location meublée : pourquoi une niche fiscale 59
- Le régime du loueur meublé professionnel 63
- Les obligations du loueur meublé 65

Le Régime Fiscal Des Sociétés 69

La force de l'IS 70
Les dividendes 71
La société de holding 77
La contribution sur les revenus locatifs 80
Le compte-courant d'associés 80
L'enregistrement des dépenses et des recettes 82
Les avantages à investir en société 83
SCI, SARL, SAS, Que Choisir 97
Les points d'attention avant de signer les statuts 105
L'imposition de la revente 113
Calculer Pas À Pas L'impôt Sur Le Revenu Locatif 129
Comment Bien Choisir Son Expert-comptable 153
Conclusion 167
Remerciements 171
Annexe : Liste Des Meubles Obligatoires Pour La Location Meublée 173
Lexique 175
Sources complémentaires 179

Ils Témoignent

"Déjà le truc vraiment bien, c'est qu'en tant que lecteur, tu plonges dedans.

Et l'autre truc cool, c'est que tu arrives à trouver des histoires pour ponctuer l'idée d'un exemple, je trouve ça vachement bien, ça te met tout de suite dans l'ambiance.

*Sinon j'adore vraiment après faut quand même prendre le temps de réfléchir lol aie aie mais pas de fumée sans feu^^*

C'est plaisant à lire, alors pour quelqu'un qui est intéressé par le sujet, c'est un vrai régal. Beau travail en tout cas."

Samuel

"Je viens de terminer la lecture de ton livre. C'est très bien écrit et très clair, même pour moi ;)"

Alain

"J'avais envie de prendre deux minutes pour te faire savoir que ton contenu m'apportent des réponses claires et une culture générale sur l'immobilier, et j'apprécie cela. Alors bravo et merci de partager ton savoir."

Sabrina

"F*ranchement moi qui suis une quiche complète en ce qui concerne la fiscalité, la comptabilité je comprends mieux grâce à toi. "*

Liborio

“Excellent article qui simplifie l’approche société/particulier.”

Sami

“Merci pour cet excellent article qui apporte de nombreux éléments sur mes nombreuses interrogations... :-) ”

Paul

Préface

« Ce qui compte, ce n'est pas combien d'argent tu fais, mais combien d'argent tu parviens à conserver. »
Robert Kiyosaki

Pourquoi est-il important de développer tes compétences en matière de fiscalité immobilière au plus vite ?

L'histoire d'un parcours atypique :

Bienvenue dans mon univers !

Je m'appelle Sonia Montella, je suis tombée très tôt dans l'immobilier ; j'aime ce côté concret, immuable dans le temps, l'architecture aussi.

La reprise des études m'a fait évoluer dans différents métiers liés aux chiffres de l'immobilier locatif.

J'ai une expertise globale en gestion locative (habitations, bureaux, centres commerciaux…), promotion immobilière, en comptabilité et fiscalité pour des foncières SCI, OPCI et autres véhicules immobiliers.

En plus de mon job à plein temps, j'ai passé ces huit dernières années sur les bancs de l'école, au départ, pour passer une licence en comptabilité-gestion, et une fois arrivée là je me suis dit que je pourrais obtenir un master et puisque j'étais arrivée si loin, je me suis dit autant faire le stage d'expertise comptable et c'est ce que j'ai fait. Jusqu'au jour où j'ai compris que ce n'était pas en étant expert-comptable que je pourrais aider un maximum de mes pairs à être acteurs de leurs chiffres.

Je suis formée aux stratégies d'investissement immobilier, mon parcours professionnel m'a amenée à gérer une trentaine de véhicules immobiliers ces dernières années.

La comptabilité et la fiscalité immobilière n'ont plus de secrets pour moi.

Au travers de ces expériences, voilà ce que je retiens :

- La course au temps dégrade la qualité du travail rendu, tous métiers confondus. Elle est la source principale des fautes, erreurs et manquements. C'est la raison pour laquelle le contrôle est indispensable.
- Les petits et plus particulièrement les « non-pro » paient plus cher et/ou ont moins de services.
- La rentabilité est le résultat direct de l'innovation, de la différenciation et d'une bonne gestion. Un investisseur rentable est entrepreneur de son patrimoine.
- Les investisseurs « non-pro » n'ont pas conscience du problème ni les compétences pour mettre en place des techniques de création et de sécurisation de valeurs efficaces, c'est pourquoi leurs rendements sont inférieurs aux foncières à haut rendement.

Pour remédier à ce constat, j'ai choisi de mettre mon expertise unique au service des investisseurs immobiliers.

Ma volonté est de t'aider à avoir une vision plus claire pour que tu puisses **t'orienter** plus facilement vers les meilleurs choix possibles en matière de fiscalité immobilière tout en développant ton intelligence financière.

Pourquoi ? Car je me suis promis de rendre la comptabilité et la fiscalité fun et **accessible**.

De **démystifier** cet univers.

C'est pour cela que j'ai choisi de te tutoyer : je souhaite me positionner d'égal à égal pour que tu puisses, en acquérant les fondamentaux de la fiscalité immobilière, investir en toute sérénité et confiance. À travers des mots simples, je te fais découvrir mon univers que j'aime tant : « les chiffres de l'immobilier locatif ».

Tu es investisseur ou souhaites le devenir ? Tu te demandes si tu montes une SCI, voire une SARL de famille ? Si tu dois investir en nom propre ou en société ?

Ou si tu dois faire appel à un expert-comptable ou pas ? Alors ce livre est fait pour toi.

Si tu aimes payer le moins d'impôts possible tout en gardant le contrôle, alors tu vas aimer ce livre.

Devenir rentier se prépare. Découvre les clés essentielles et simples pour optimiser, protéger et gérer efficacement tes investissements.

Enrichis-toi avec fun !

Sonia

Note Importante

La fiscalité est un domaine avec des chiffres, des règles, des exceptions...

Je comprends que cela soit flou pour toi.

La principale raison est que la fiscalité touche tous les domaines économiques de notre vie.

Ils sont nombreux : l'immobilier, le secteur des assurances, le monde agricole, celui de la médecine, du pétrole, de l'éducation, la cuisine, les voyages, le hammam...

Elle est partout...

Les documents fiscaux doivent donc tenir compte de cette diversité. C'est pourquoi, la fiscalité semble si compliquée. Cependant ramenée à un domaine particulier comme l'immobilier, les règles deviennent plus simples à appréhender.

La fiscalité et son acolyte la comptabilité ont deux particularités :

- Elles sont vivantes et traduisent en chiffres la vie d'une économie, les transactions, les interactions entre les personnes.

- Elles sont comme ralenties, figées par des textes de loi et l'histoire d'un pays.

Par exemple, en principe et c'est un principe fort en droit français, une loi ne peut être contraire à ce qui est fixé dans la Constitution.

Bien que les règles évoluent, elles sont déposées sur un socle presque immuable[1].

Depuis plus de vingt ans, trente ans, l'immobilier locatif repose sur les mêmes principes et ce sont ces principes actualisés que j'ai envie de te dévoiler dans ce livre pour qu'enfin tu puisses protéger ton argent du grand prédateur financier [2] qu'est le fisc et surtout te sentir à l'aise dans tes choix.

Je suis une psychopathe qui croit que ce prédateur est un vampire et que ce qui différencie une personne qui se fait sucer jusqu'à la moelle d'une autre qui optimise, c'est son éducation financière.

C'est pour cela que ce livre est important, mais ce n'est pas un roman.
Voici ma recommandation de lecture :

- Si tu es débutant dans l'immobilier, et que tu veux avoir une idée d'ensemble sur l'immobilier locatif et sur les montages possibles, commence par le début jusqu'au chapitre *Ce qu'il faut savoir pour bien débuter.*

---

[1] Nettement moins immuable depuis la signature de la constitution européenne.

[2] Dans son livre -Père Riche, Père Pauvre- Robert Kiyosaki qualifie l'Etat de grand prédateur financier

- La partie sur la fiscalité des particuliers concerne les investisseurs qui envisagent d'investir en nom propre.

- Si tu as l'intention de développer un gros patrimoine et d'enchaîner les biens, je t'invite à lire la partie sur la fiscalité des sociétés avec la présentation des formes juridiques et les points d'attention.

Plus tu achètes et plus tu crées des opportunités, autant avoir le pouvoir d'en créer de toutes les formes possibles.

Cette partie te sera utile si tu souhaites investir à plusieurs.

Dans cette partie, je te parle d'un principe important présenté, par Robert Kiyosaki dans son livre *Père riche, père pauvre*. Je suis allée jusqu'à l'expertise comptable (j'ai arrêté pour cause d'émancipation), je travaillais avec ce principe tous les jours. . mais je n'avais pas compris sa puissance et je ne l'appliquais qu'à moitié.

- La partie *Comment calculer pas à pas l'impôt sur le revenu locatif* te permet de calculer la rentabilité après impôts quel que soit le régime fiscal.
- Ensuite, lis la dernière partie sur l'expert-comptable. Je te dévoile les dessous de la profession, mais surtout je t'apporte une

démarche complète pour trouver un bon expert-comptable.

- Si tu es très pressé et que tu veux avoir rapidement une idée globale, lis les résumés *Pour faire court* et les *7 clés essentielles.*

- Par la suite, tu pourras utiliser ce livre comme une bible, à consulter au gré de tes envies et désirs d'investissement.

- Une lecture complète te permettra d'avoir l'essence du livre, car certaines pépites sont délivrées au fil des chapitres pour en permettre une meilleure compréhension.

Au cours de ta lecture, tu rencontreras certains mots avec une *, cela signifie que tu trouveras une définition dans le lexique.

Également, à la fin du livre, tu trouveras des sources complémentaires pour que tu puisses te référer aux textes de loi, bulletins officiels... D'autres sont directement accessibles dans la lecture.

Je sais que la fiscalité n'est pas un domaine facile, alors je t'ai prévu une formation en ligne avec un module par régime fiscal et une série de sept quizz pour apprendre en t'amusant... Tu peux même gagner des points :)

Voici le lien d'inscription :

https://funkycompta.fr/i-formation-fiscalite-immobiliere/

J'ai tâché du mieux que j'ai pu et de mon point de vue d'expert en immobilier locatif de rendre l'apprentissage cool. Mon souhait est que tu choisisses l'option de lecture qui te convient le mieux et que ce livre t'apporte la clarté que tu recherches.

Pourquoi Investir En Immobilier Locatif

L'immobilier locatif est un investissement permettant de générer des revenus passifs. Les revenus passifs sont les revenus gagnés indépendamment du temps de travail. C'est-à-dire que le temps de travail peut être dissocié de la quantité de revenus dégagés.

La location immobilière a un avantage significatif par rapport à d'autres types de revenus passifs (la bourse par exemple) : l'effet de levier du crédit.

En finance, l'effet de levier désigne n'importe quelle technique destinée à multiplier les profits.

Par exemple, un investisseur, avec un apport de 5 000 €, achète un appartement de 100 000 € frais de notaire compris. Le crédit bancaire lui permet d'investir dans un appartement à 100 000 € avec une mise de départ de 5 000 €. Il démultiplie ainsi la valeur de son investissement.

Un investisseur peut ainsi, avec une épargne de 100 000 €, acquérir un patrimoine d'une valeur de 500 000 €.

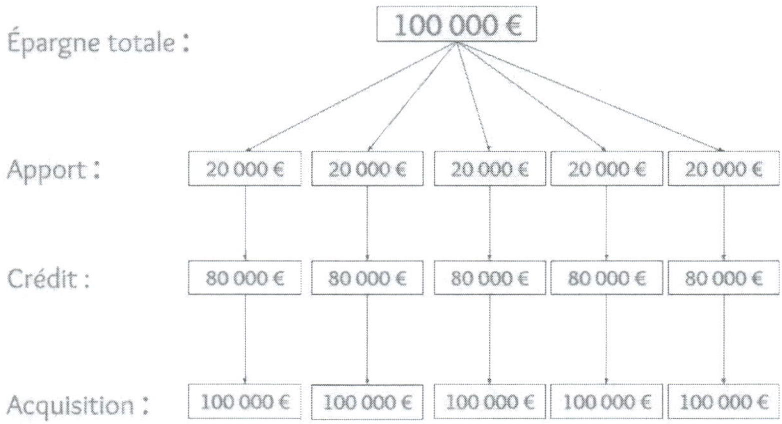

Ce n'est pas sur ce seul critère que tu vas choisir ton prochain investissement, mais si tu hésites entre acheter des actions pour toucher des dividendes et l'immobilier, ce dernier est le véhicule d'investissement le plus intéressant au regard de l'effet de levier du crédit immobilier.

Ton Rôle En Tant Qu'investisseur

Tu visites un bien, l'agent immobilier te dit : « Le bien est nickel ! »

Que fais-tu ?... Le crois-tu sur parole sans vérifier ? Non...

Tu regardes tout, de fond en comble, pour voir les malfaçons, les possibilités de faire baisser le prix. Tu vas ouvrir attentivement toutes les fenêtres pour vérifier si elles bloquent, si elles grincent. Tu vas tirer la chasse d'eau, ouvrir les robinets, vérifier quand la chaudière a été changée. Tu apprends même des techniques de négociation...

Tu mets tout en œuvre pour avoir le bien au meilleur prix et t'assurer une bonne affaire... et pour ta fiscalité, qui impacte tout autant ta rentabilité, tu vas t'arrêter à la façade ?

Selon M. J. Demarco, auteur entrepreneur, qui a étudié les personnes qui devenaient très riches très rapidement : « *Tu auras du mal à construire un empire financier si tu es illettré en matière de finance. Les services d'un conseiller financier n'arrangent pas cet illettrisme, particulièrement lorsqu'il s'agit d'évaluer ses conseils [...] L'illettrisme financier dilue ton contrôle.* » Il y va un peu fort en parlant d'illettrisme financier ; cependant, il explique l'importance d'avoir le plein contrôle sur chacun des aspects de ton activité : « *En acceptant de perdre une partie du contrôle, tu remets ton destin financier dans les mains de quelqu'un d'autre, et tu limites la richesse que ton business peut générer. Tu dois avoir la liberté de choisir ta direction et non suivre l'influence des autres acteurs.* »

Garde toujours en tête que ces autres acteurs travaillent avant tout pour leurs propres intérêts. C'est humain. Donc, assure-toi d'être le pilote et de rester *à la tête de ton activité.*

C'est pour cela que pour certains la fiscalité est un frein à l'investissement. C'est normal : comment veux-tu te lancer confiant dans un projet si tu n'as pas une vision globale de tous les tenants et aboutissants ? Beaucoup se font accompagner en ayant une confiance aveugle, or les experts-comptables le disent eux-mêmes :

- Comment le conseil sera-t-il appliqué par le chef d'entreprise ?
- Ce dernier a-t-il les compétences pour apprécier toutes les implications.des conseils donnés ?
- Le dirigeant doit conserver un rôle actif. Il ne peut se dispenser d'assurer un contrôle minimal.

Un cas d'école en matière « d'*illettrisme financier* », c'est celui de Johnny Depp qui s'est vu, après coup, se faire *détourner* 40 millions de dollars par son directeur financier aidé de ses avocats. Crois-tu qu'avec les bons contrôles, les bonnes questions, il n'est pas possible de s'apercevoir qu'on te détourne, année après année, plusieurs millions d'euros ?

Tu as besoin de développer tes connaissances pour sécuriser tes investissements et ton patrimoine. Je te propose de commencer tout de suite avec les deux erreurs courantes chez les débutants en immobilier locatif.

Les 2 Erreurs À Éviter Quand On Investit Dans L'immobilier Locatif

" Une poignée d'hommes parvient à s'enrichir simplement en prêtant attention aux détails que la plupart des gens négligent."

Henry Ford

S'arrêter à une rentabilité avant impôt

La **rentabilité**, c'est la capacité d'un **investissement** à procurer un **bénéfice**.

C'est un ratio : Bénéfice / Investissement

(que tu multiplies ensuite par 100 pour obtenir un chiffre en pourcentage)

Exemple :

Bénéfice : 10 000 €

Investissement : 100 000 €

$$\frac{10\,000}{100\,000} = 0{,}10 \text{ et } 0{,}10 \times 100 = 10\ \%$$

La rentabilité est de 10 %

Le problème avec le taux de rentabilité est qu'il existe plusieurs manières de le calculer, il est donc facile de faire des amalgames.
En immobilier locatif, trois rentabilités vont devoir être calculées à différentes étapes du projet. Beaucoup d'investisseurs font l'erreur de prendre leur décision sans aller jusqu'au bout de ce processus. Ils se retrouvent, dans la plupart des cas, financièrement plus engagés que prévu. Du fait de l'importance des capitaux investis et des coûts de transaction, il peut être difficile pour un investisseur de se désengager d'un bien à cash-flow négatif. Cependant, il est parfois plus prudent de se couper une main qu'un bras. Pour éviter d'en arriver là, il est essentiel, surtout pour les premiers investissements, d'aller jusqu'au bout du processus de décision. Calculer plusieurs rentabilités est important.

Là où il est facile de s'emmêler les pinceaux, c'est dans la définition d'**investissement** et de **bénéfice**. Quels chiffres utiliser ?
Le mieux est de voir ces notions au travers d'un exemple.

Mathieu envisage d'acheter un quatre-pièces pour faire de la colocation. Le bien est à Brest, une ville universitaire. Mathieu se demande si le bien est rentable. Voici les chiffres de l'opération :

- Le coût d'acquisition de l'appartement, travaux et frais de notaire inclus, est de 127 016 €, soit 64 000 € pour l'achat du bien, 7 016 € de meubles, 50 000 € de travaux et 6 000 € de frais de notaire.
- Avec un taux d'occupation plein, le montant des revenus locatifs est de 1 250 € par mois soit 15 000 € par an.
- Les charges mensualisées sont de 813 € (la taxe foncière, les intérêts d'emprunt, les honoraires de gestion locative car Mathieu a décidé de déléguer cette partie, les charges de copropriété, etc.).

Rentabilité 1 - Rentabilité de l'agent immobilier

La première rentabilité dont tu vas entendre parler, c'est celle de l'agent immobilier : « Le bien vaut 64 000 €, avec des loyers de 1 250 € par mois, c'est une super affaire à ne pas louper. » Les chiffres sont là, la rentabilité est de 23 %.

Pour calculer sa rentabilité, l'agent immobilier prend uniquement deux chiffres :

- Le prix de vente frais d'agence inclus (64 000 €) ;
- Le montant annuel de loyer (15 000 €).

$$\frac{15\,000\text{ €}}{64\,000\text{ €}} \times 100 = 23{,}43\%$$

Voilà la rentabilité de l'agent immobilier. Qu'en penses-tu ?

Est-ce que cette rentabilité représente tous les efforts financiers fournis ?

Non, il manque les frais de notaire, les travaux, c'est-à-dire la prise en compte du coût total d'acquisition du bien immobilier et pas simplement le prix d'achat. Cette rentabilité n'est pas fiable, elle manque trop d'informations. L'idéal est de commencer par calculer la rentabilité brute.

Rentabilité 2 - Rentabilité brute

On parle aussi de taux de rendement brut. C'est la même chose. Le taux de rendement brut est le rapport entre le loyer et le coût d'acquisition (au lieu du prix d'achat précédemment utilisé par l'agent immobilier).

Pour le projet de Mathieu, le taux de rendement brut est de 11,80 %.

$$\frac{15\,000\text{ €}}{127\,016\text{ €}} \times 100 = 11{,}80\%$$

Cela semble être une belle affaire.

La rentabilité brute va te permettre de faire une première sélection des biens immobiliers. Par exemple, certains investisseurs ne vont pas plus loin, si la rentabilité brute espérée est inférieure à 10 %.

Tu vas voir pourquoi...

Rentabilité 3 - Rentabilité nette

La rentabilité nette est celle qui incorpore les charges :

$$\frac{15\,000\text{ €} - (813 \times 12)}{127\,016\text{ €}} = 0{,}4128$$

Le taux de rendement Net avant impôts est de 4,13 %.

Mathieu passe d'une rentabilité brute de 11,80 % à une rentabilité nette inférieure à 5 %. C'est une différence assez conséquente, et c'est la raison pour laquelle, avant de signer tout engagement ferme et définitif, il est nécessaire de simuler une rentabilité en incluant, de manière la plus précise possible, l'intégralité des dépenses.

La rentabilité brute et la rentabilité nette dépendent uniquement du projet en lui-même : loyer, prix d'acquisition, financement, mode d'exploitation... Seule la rentabilité nette d'impôts dépend de l'acheteur.

On la nomme la rentabilité nette *nette,* oui : deux fois nette.

Rentabilité 4 - Rentabilité nette après impôts

La rentabilité nette nette ou rentabilité après impôts est la rentabilité après avoir **tout** payé : charges et impôts etc.

Pour la calculer reprenons l'exemple de Mathieu...

Mathieu a un TMI (taux marginal d'imposition *) de 41 %. Nous verrons plus en détail le TMI mais à ce stade il peut être défini comme le taux d'imposition de tous les revenus supplémentaires du foyer fiscal.

Il envisage de mettre son bien en colocation, trois régimes fiscaux sont possibles :

- Le micro LMNP (loueur meublé non professionnel) ;
- Le LMNP au réel ;
- L'impôt sur les sociétés (IS) par le biais d'une société.

J'ai calculé l'impact de ces trois régimes ; accroche-toi, ce sont les montagnes russes :)

Le montant des impôts varie entre 0 € et 3 075 € !

	Montant imposable	Montant impôt	Taux de rendement net après impôt
Micro LMNP	7 500	3 075	1,71%
Réel LMNP	101	41	4,10%
IS	-199	-30	4,15%

La différence du montant imposable provient des frais de comptabilité et des méthodes de calcul qui varient d'un régime à l'autre, nous aurons l'occasion d'y revenir.

En prenant les mauvais chiffres, le mauvais régime fiscal, il est possible de passer d'une rentabilité de 23 % à une rentabilité de 1,71 %.

Sans autre information sur les projets de Mathieu, à ce stade, il serait prématuré de dire que l'IS est le meilleur régime fiscal. Cela dépend de plusieurs conditions. Le choix fiscal est intimement lié à ta propre personne. En matière de fiscalité comme en matière de mode, tout est possible, tu peux choisir du *sur-mesure* ou choisir du « *prêt-à-calculer* », comme le sont les régimes micro.

Pour résumer, selon ton interlocuteur, ton stade dans le processus d'acquisition (banquier, agent immobilier, visite, signature du compromis ou de l'acte de vente) la rentabilité varie :

1- La Rentabilité Brute pour faire une première sélection du bien immobilier.

Rentabilité brute = Loyers / Coût d'acquisition

2- La rentabilité nette. C'est celle qui permet de comparer plusieurs projets entre eux. Elle représente le gain annuel net sans prendre en compte l'imposition du propriétaire.

$$\textbf{Rentabilité Nette} = \frac{(\text{Total Loyers} - \text{Total Charges})}{\textit{Coût d'acquisition}}$$

3. La rentabilité nette *nette ou après impôts.* C'est celle qui permet, en fonction de l'objectif global, de décider quel régime fiscal choisir et/ou de voir si le bien est rentable compte tenu de son imposition.

$$\textbf{Rentabilité Nette } \textbf{\textit{Nette}} = \frac{(\text{Total Loyers} - \text{Total Charges} - \text{Impôts})}{\textit{Coût d'acquisition}}$$

Il est important de garder à l'esprit qu'un taux de rentabilité n'est qu'une valeur relative. Certains biens peuvent afficher une rentabilité de 3 % et générer 400 € de trésorerie mensuelle, alors que d'autres vont afficher une rentabilité de 5 % tout en ayant un cash-flow proche de zéro. Une fois les rentabilités calculées, il est nécessaire de toujours les remettre en valeur absolue, c'est-à-dire en euros.

Une autre erreur que font certains investisseurs, c'est celle de parier sur l'avenir...

Parier sur l'avenir

Comment reconnaît-on un bon investisseur d'un mauvais ? Est-ce que seul l'avenir peut nous le dire ?

L'immobilier locatif est un investissement à long terme ; généralement, les professionnels se projettent sur une période de dix-douze ans. En phase d'acquisition, leur objectif est de se garantir une rentabilité pendant toute la période de détention. L'évolution du marché immobilier étant impossible à prévoir avec certitude, l'investisseur doit être gagnant dès le jour de l'achat.

Pour cela, il va être soucieux de ne pas acheter des mètres carrés inutiles comme de grands couloirs, des recoins dont on ne sait que faire… Il s'agit d'éviter les mètres carrés qui augmentent le prix d'achat sans apporter de réels gains une fois loués. Par exemple, en allant sur internet[3], je vois à Bordeaux pour le même quartier (proche de la Victoire pour ceux qui connaissent) un bien de 28 m² loué plus cher en deux-pièces (485 €) qu'un bien de 32 m² loué en une pièce (459 €). L'écart de prix peut venir de l'immeuble, de la rue ; cependant, il est intéressant de garder en tête qu'un une pièce de 32 m² peut être transformé en un deux-pièces bien plus rentable. Et si la transformation n'est pas possible, autant acheter une surface plus petite.

---

[3] Seloger.com

S'assurer un achat rentable passe par une surface optimisée mais aussi par l'achat d'une bonne affaire, celle qui permet d'acheter et de revendre la **même année** tout en gagnant de l'argent. Le but de l'investisseur locatif n'est pas de revendre, mais en utilisant cette technique de marchand de biens, il garantit l'avenir de sa rentabilité.

Un bon investisseur ne laisse pas reposer sa décision d'achat sur une plus-value éventuelle. Le bon investisseur se reconnaît dès le jour de l'achat car il aura fait une bonne affaire dès sa sortie de chez le notaire.

J'aimerais maintenant te parler du phénomène de l'*Alligator Property*. Ce phénomène a d'autres noms comme le cash squeeze, le cash-flow négatif, l'effort d'épargne…

Les Anglais l'appellent *Alligator Property* car il mange l'argent des investisseurs.

En immobilier, ce qui peut être perturbant, c'est qu'il existe une différence entre l'argent que tu gagnes vraiment et le montant pris en compte pour le calcul de l'impôt. C'est le même type de différence qu'il y a entre ton salaire net et ton salaire net imposable.

Les mouvements qui apparaissent sur ton relevé de compte bancaire sont différents des mouvements fiscaux ou comptables. C'est ce qui explique pourquoi certains font du cash alors qu'ils sont en déficit ou pourquoi d'autres pensaient être rentables et dans les faits ne le sont pas.

Ce phénomène est lié à deux choses :

- Le remboursement du crédit ;
- L'amortissement comptable.

En règle générale, l'amortissement comptable a un impact positif sur la trésorerie, contrairement à la mensualité de crédit.

Une mensualité de crédit est composée de deux parties :

- Une partie correspondant aux intérêts ;
- Une partie correspondant au remboursement du capital emprunté à la banque.

En fiscalité, la partie remboursement du capital est le remboursement d'une dette non déductible fiscalement. La partie intérêts est quant à elle une charge déductible. Alors que seuls les intérêts apparaissent dans ta liasse, sur ton relevé bancaire tu vas avoir la mensualité dans son ensemble :

Relevé de compte bancaire	Liasse fiscale
Intérêts + Capital	Intérêts

Le piège dans lequel tombent de nombreux investisseurs est de mal anticiper ce décalage. C'est d'ailleurs une des techniques d'attaque de l'alligator. L'investisseur s'engage en pensant que l'intégralité de la mensualité de crédit est déductible et va même parfois faire un effort d'épargne mensuel avec l'idée en tête que, le bien ne dégageant pas de trésorerie, il n'entraîne pas d'impôt non plus.

Malheureusement, dès la première déclaration ou lors d'un redressement fiscal, la sentence est là : le bien génère de l'impôt à payer.

L'investisseur se retrouve alors contraint de faire un effort d'épargne supérieur à celui prévu au départ et dans les pires cas à fragiliser sa situation financière.

Pour éviter ce piège, avant tout engagement ferme et définitif, surtout si tu es juste financièrement, tu devras calculer la base imposable ainsi que l'impôt à payer et seulement après calculer la trésorerie dégagée. On y reviendra dans la suite du livre, en attendant voici deux visuels avec des chiffres simples pour comprendre la mécanique.

- **1- Calcul du résultat après impôts :**

Loyers	1000
Charges	-600
= Base imposable	400
Impôts	-120
= Résultat après impôts	280

- **2- Calcul de la trésorerie :**

Loyers	1000
Charges	-600
Remboursement du capital	-300
= Trésorerie avant impôts	100
Impôts 	-120
= Trésorerie après impôts	-20

Pour beaucoup, il est normal pour un propriétaire bailleur de rajouter chaque mois un « petit quelque chose ». Une fois, j'ai rencontré un chasseur de biens qui proposait des produits super, mais son business model imposait de rajouter chaque mois des euros. Pour lui, l'immobilier est un investissement qui rapporte dans vingt ans et mettre de sa poche chaque mois est signe d'implication dans le projet. C'est un point de vue, le tout est d'avoir conscience des effets de l'effort d'épargne sur ta rentabilité et c'est ce que nous allons voir au travers d'un exemple.

Exemple :

Un bien de 100 000 € est revendu vingt ans plus tard à 140 000 €, la plus-value est donc de 40 000 €.

Pour financer son projet, l'investisseur a fait un apport de 10 000 €, puis, pendant toute la durée de détention, il a fait un effort d'épargne de 50 € par mois. Le total de son apport est donc de 22 000 €.

(50 € par mois qui font 600 € l'année, 600 € par an pendant 20 ans = 12 000 € auxquels on ajoute les 10 000 € d'apport = on arrive à 22 000 €)

Pendant la période de détention, le bien n'a pas généré de cash, son seul gain est la plus-value. Avec un apport de 10 000 €, l'investisseur aurait fait un fois quatre en termes de rentabilité mais en ayant financé 22 000 €, il a fait un fois deux.

Plus-value :	40 000 €	
Apport :	10 000 €	22 000 €
Rentabilité :	x 4	x 2

S'il n'était pas possible de dégager du cash **tout de suite** avec l'immobilier, crois-tu sincèrement que les placements type SCPI[4] pourraient fonctionner ?

[4] Société civile de placement collectif

Comment les mandataires se paieraient-ils et verseraient-ils des « dividendes » chaque année s'ils ne réalisaient pas de cash ? Bon, OK, certains ont aussi des techniques bizarres, mais entends que c'est un business model qui ne fonctionnerait pas s'il n'était pas possible de dégager de l'argent dès le départ avec l'immobilier locatif.

Pour t'inspirer, rencontre des investisseurs qui dégagent du cash-flow positif, tu apprendras de leurs méthodes. Rencontres-en plusieurs pour te faire une bonne idée des pratiques qu'ils mettent en œuvre.

Maintenant que nous avons vu les erreurs à éviter quand on investit en immobilier locatif, je te propose d'enfin rentrer dans ton sujet préféré : la fiscalité :)

Pour Faire Court

Grâce à l'effet de levier du crédit, l'immobilier locatif est un formidable outil d'enrichissement. Ceux qui s'en sortent le mieux sont des meneurs qui ont développé leur intelligence financière. La précision paie surtout pour le premier investissement. Fais la bonne affaire le jour de l'achat et calcule le plus tôt possible la rentabilité après impôts.

Ce Qu'il Faut Savoir Pour bien Débuter

J'aimerais traiter le sujet de la fiscalité immobilière en étapes afin d'entrer de plus en plus dans le sujet et non pas tout détailler immédiatement. D'ailleurs, pour encore plus de détails, tu pourras consulter les liens que je mets à ta disposition au fil de ta lecture.

Le mode d'exploitation

Comme tu le sais, il y a deux types d'activité :

1. La location nue : en habitation, c'est louer un logement sans meuble, en règle générale le logement est l'habitation principale du locataire ; si c'est le cas, elle doit offrir au minimum neuf mètres carrés de surface et vingt mètres cubes de volume.

La durée du bail est de trois ans minimum.

Le bail commercial est aussi une location nue.

2. La location meublée : un logement est considéré comme meublé si le locataire peut s'y installer sans avoir besoin d'y apporter de mobilier. Tous les éléments indispensables à la vie quotidienne doivent donc s'y trouver. Lorsque le logement constitue la résidence principale du locataire, les meubles devant équiper

l'appartement sont listés par un décret que tu trouveras en annexe 1 du livre.

La durée du bail maximum est d'un an, renouvelable chaque année.

Le mode d'imposition

Tu as le choix entre :

1. L'imposition sur tes revenus personnels, couramment appelée l'IR.

L'IR, ou plus exactement l'impôt sur le revenu des personnes physiques (IRPP), est un impôt calculé au niveau du foyer fiscal. Constitue un foyer fiscal un célibataire ou un couple avec ses enfants à charge. L'IR porte sur les salaires et l'ensemble des revenus des personnes physiques composant le foyer fiscal (salaires, revenus financiers, loyers...).

2. L'imposition en société, couramment appelée l'IS.

L'IS, l'impôt sur les sociétés, est l'impôt payé par les sociétés. Retiens que les sociétés qui paient elles-mêmes leurs impôts sont toujours soumises à l'IS.

Quand la société ne paie pas ses propres impôts, alors c'est l'associé qui le fait. On dit que l'imposition a lieu chez l'associé. Lorsque l'imposition a lieu chez l'associé, on parle de transparence fiscale.

Si l'associé est une personne physique, le calcul de l'impôt se fait selon les règles du régime des particuliers, l'IR.

Si l'associé est une autre société qui paie elle-même ses impôts, le calcul de l'impôt se fait selon les règles du régime des sociétés. Il n'y en a qu'un seul : l'IS.

Être soumis à l'impôt sur les sociétés implique obligatoirement d'investir par le biais d'une société : un particulier qui investit en nom propre n'est jamais imposé à l'IS. En fonction de sa forme juridique et de son activité, la société aura ou pas l'obligation d'être imposée à l'IS (voir le chapitre sur le régime fiscal des sociétés).

Le mode d'acquisition

À chaque investissement, tu as le choix entre :

1. Investir en nom propre, alors tu seras soumis à l'impôt sur le revenu selon la catégorie concernée (voir la partie sur le régime fiscal des particuliers pour plus de détails) :

- Si tu fais de la location nue, la catégorie concernée est « revenus fonciers » ;

- Si tu fais de la location meublée, la catégorie concernée est « LMP ou LMNP [5]».

2. Investir en société, alors l'imposition est fonction de la forme juridique et de l'activité de la société.

Quand tu investis, tu as principalement le choix entre trois types de sociétés :

- La SCI : société civile immobilière,
- La SARL : société à responsabilité limitée,
- La SAS : société anonyme simplifiée.

Seules la SARL et la SAS permettent d'être créées avec un seul associé ; sinon, tu devras avoir au minimum deux associés.

Lorsque tu investis en société, il existe des restrictions sur l'activité que tu peux exercer :

- En SCI à l'IR, tu ne peux faire de la location meublée qu'à hauteur de 10 % des loyers générés en nu. À l'IS, il n'y a pas ce type de limitation.

- La SAS peut exercer de la location nue ou meublée, mais la société sera toujours imposée à l'IS.

- LA SARL de famille, idéale pour investir en meublé tout en restant à l'IR, sera autorisée à exercer en meublé exclusivement.

---

[5] LMNP : Location meublée non professionnelle – LMP : Location meublée professionnelle

Pour Faire Court

Pour la location nue

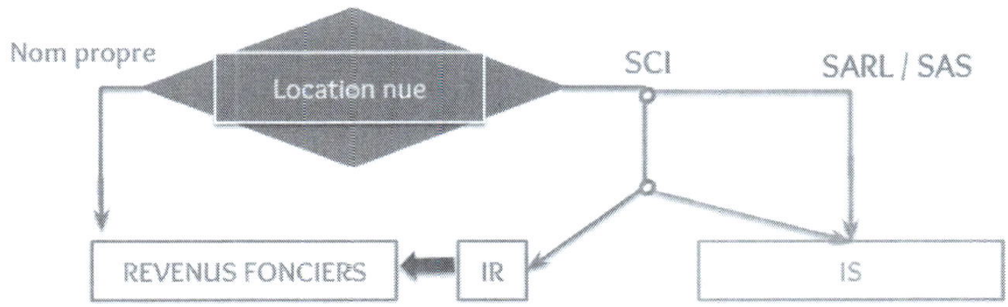

Pour la location meublée

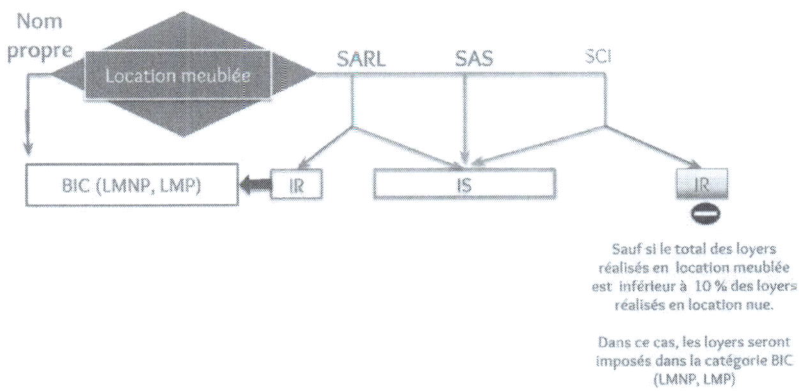

Le Régime Fiscal Des Particuliers

Une personne physique qui déclare ses revenus en France est imposée selon les règles des régimes fiscaux du particulier. C'est l'impôt sur le revenu.

Les règles de calcul de l'impôt sur le revenu varient selon la catégorie de revenus concernée.

Une catégorie de revenus est un classement des revenus par activité. Par exemple, les salaires forment une catégorie de revenus, les revenus fonciers en forment une autre. Lorsque tu perçois des dividendes, tu les déclares dans la catégorie « revenus de capitaux ».

Ce qui différencie les catégories les unes des autres, c'est l'activité qui génère le revenu imposable. En fiscalité des particuliers, il y a sept principales catégories de revenus :

- les traitements et salaires,
- les bénéfices industriels et commerciaux (BIC),
- les bénéfices non commerciaux (BNC),
- les bénéfices agricoles,
- les revenus fonciers,
- les revenus de capitaux,
- les rémunérations des dirigeants,
- les plus-values des particuliers.

Pour chacune des catégories, l'État a instauré des règles de calcul différentes, c'est pourquoi selon le type d'activité que tu vas exercer, la base imposable, mais aussi les abattements dont tu peux bénéficier, va varier. Par exemple, les salaires bénéficient d'un abattement de 10 %.

Le total des revenus déclarés, toutes catégories confondues, pour un même foyer fiscal, s'appelle le **revenu global**.

Il apparaît sur ta feuille d'imposition sous le nom de revenu fiscal de référence. C'est lui qui va être soumis au barème progressif de l'impôt sur le revenu.

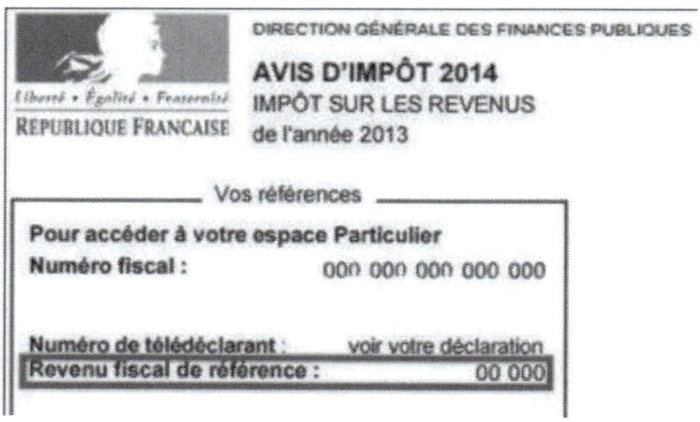
Liberté • Égalité • Fraternité
RÉPUBLIQUE FRANÇAISE

DIRECTION GÉNÉRALE DES FINANCES PUBLIQUES
AVIS D'IMPÔT 2014
IMPÔT SUR LES REVENUS
de l'année 2013

Vos références

Pour accéder à votre espace Particulier
Numéro fiscal : 000 000 000 000 000

Numéro de télédéclarant : voir votre déclaration
Revenu fiscal de référence : 00 000

Le revenu global est le revenu à partir duquel est calculé l'impôt à payer.

Comment est calculé l'impôt

En France, l'impôt sur le revenu est progressif.

C'est-à-dire que le revenu imposable est réparti en tranches taxées à des taux différents.

Barème de l'année 2019 :

Fraction de revenu net imposable	Taux d'imposition
Jusqu'à 9 963 €	0%
De 9 964 € à 27 518 €	14%
De 27 519 € à 73 778 €	30%
De 73 779 € à 156 343 €	41%
Plus de 156 244 €	45%

Pour déterminer le montant d'impôts à payer, l'administration fiscale va calculer, dans un premier temps, un revenu moyen par part, puis appliquer à ce revenu moyen le barème progressif.

$$\frac{Revenu\ Global}{Nombre\ de\ parts} \times Taux\ de\ la\ tranche\ concernée\ (Taux)$$

Le montant ainsi trouvé sera ensuite multiplié par le nombre de parts afin d'obtenir le total d'impôts à payer.

$$\left[\frac{Revenu\ Global}{Nombre\ de\ parts} \times Taux\right] \times Nombre\ de\ parts$$

Avec cette méthode, tu peux également calculer ton taux marginal d'imposition, le TMI. Il correspond au taux applicable à la partie supérieure de ton revenu.

Le TMI va te servir de référence pour estimer la future imposition de tes revenus locatifs. Il évolue en même temps que les revenus et la composition du foyer fiscal. Pour pouvoir t'y fier, il te faudra anticiper les éventuels sauts de tranche dus à l'augmentation des revenus du foyer fiscal. Nous y reviendrons dans la méthode pas à pas.

Exemple :

Pour un couple marié (deux parts) avec un revenu net imposable de 66 000 €.

Calcul du revenu moyen par part :

66 000 € / 2 parts = 33 000 €

Application du barème :

- *Jusqu'à 9 963 € à 0 % = 0 ;*
- *De 9 964 € à 27 518 € = 17 555 € à 14 % ;*
- *De 27 519 € à 33 000 € = 5 481 € à 30 % ;*
- *Les tranches à 41 % et 45 % ne sont pas atteintes. Le TMI est de 30 %.*

Total pour une part :

(17 555 x 14 %) + (5 481 x 30 %) = 4 102 €

Total d'impôt à payer par le foyer :

4 102 € x 2 parts = 8 204 €

Quelle catégorie fiscale pour mes revenus locatifs

Comme nous l'avons vu, pour la location nue, la catégorie de revenu est "Revenus fonciers".

Pour la location meublée, il s'agit de la catégorie BIC avec ses 2 "sous" régimes spécifiques :

- Location meublée professionnelle - LMP
- Location meublée non professionnelle - LMNP.

Quelle que soit ton activité, avec le régime des particuliers, tu as toujours le choix entre :

- Le régime forfaitaire appelé micro.
- Le régime du réel

Le régime forfaitaire appelé micro

Au Micro, le calcul de l'impôt se fait en déduisant des loyers un abattement sur le montant total des loyers. La base imposable est le total des recettes moins un abattement.

L'abattement est fixé par l'administration fiscale, il est de 30 % en nu et 50 % en meublé (en meublé, pour les gîtes de tourisme classés, le taux d'abattement est de 70%). Au delà d'un certain montant de loyers, tu devras déclarer obligatoirement au RÉEL.

Ce seuil est de 15 000 € pour les revenus fonciers tirés d'une location nue et de 70 000 € pour les revenus BIC tirés d'une location meublée.

Cependant tu peux changer pour le régime au réel [6]avant d'atteindre le seuil du réel obligatoire.

Activité	Nom du régime	Taux MICRO	Seuil pour Réel Obligatoire
Location Nue	Revenus Fonciers	30%	15 000 €
Location Meublée	BIC - LMNP ou LMP	50%	70 000 €

Exemple de calcul du revenu imposable au micro :

Je fais de la location nue, j'ai 10 000 € de loyers et 4 000 € de charges.

Je déclare au micro avec un abattement forfaitaire de 30 % (location nue).

Le revenu imposable sera :

[6] En meublé, l'option est à envoyer aux services des impôts avant le 1février de l'année

10 000 - (10 000 x 30 %) = 7 000 €.

Les 7 000 € viendront s'ajouter à mon revenu global.

Le régime du réel

Au réel, le calcul de l'impôt se fait d'après les recettes et les dépenses réelles et non sur une base forfaitaire. En règle générale, tant que le crédit n'est pas remboursé, les régimes fiscaux du réel sont plus attrayants ; ils perdent de leur attractivité quand les charges du bien deviennent faibles.

Comme nous l'avons vu plus haut, c'est la catégorie de revenus qui détermine comment la base imposable est calculée.

Les charges déductibles fiscalement vont donc dépendre de l'activité exercée.

Les recettes sont quant à elles, quelle que soit l'activité exercée, constituées principalement de tous les paiements du locataire, sauf le dépôt de garantie.

Exemple :

Je fais de la location nue, j'ai 10 000 € de loyers et 4 000 € de charges, je déclare au réel.

Le revenu imposable sera :

10 000 - 4 000 = 6 000 €.

Les 6 000 € viendront s'ajouter à mon revenu global.

Micro, réel, que choisir

Le choix entre micro et réel va dépendre du volume des charges et de l'activité :

- Pour la location nue, aux revenus fonciers, l'abattement du régime micro est de 30 %.
- Pour la location meublée (LMP ou LMNP), l'abattement pour le micro est de 50 %. Pour vérifier si l'abattement est plus intéressant que les charges au réel, tu compares 50 % de tes loyers au total des charges réelles déductibles majorées des amortissements (pour les estimer rapidement, tu peux prendre 4 % du bien).

Pour savoir si le régime micro est plus intéressant, il te suffit de voir si le total des charges que tu paies et qui est déductible (par exemple : les intérêts d'emprunt, la taxe foncière, l'assurance propriétaire non occupant, certains travaux...) est supérieur au taux d'abattement des loyers. Si c'est le cas, le régime du réel est plus intéressant que le régime du micro.

Charges réelles déductibles > % de l'abattement x Total loyers = Réel plus avantageux

Lorsque tu décides d'acquérir plusieurs biens, attention à ne pas tomber dans le piège dans lequel tombent certains investisseurs, qui imaginent pouvoir avoir :

un bien au **MICRO LMNP** + un bien au **RÉEL LMNP**

ou

un bien au **MICRO FONCIER** + un bien au **RÉEL FONCIER**

L'option au réel ou au micro s'applique à l'ensemble des revenus de la même catégorie.

En nom propre et pour une même activité, il n'est pas possible d'avoir un bien en micro et un bien au réel.

Ce type d'erreur peut amener certains investisseurs à revendre un super bien ou payer plus d'impôts que nécessaire juste à cause d'une mauvaise option fiscale.

Sans stratégie globale d'investissement, il est facile de tomber dans ce type de piège.

Une stratégie d'investissement est une feuille de route dans laquelle tu auras posé ton objectif final, ta situation fiscale du moment, tes perspectives d'évolution patrimoniale et financière et une idée des moyens pour y parvenir.

Revenu foncier, pourquoi le mal-aimé et le bien-aimé en même temps

Ce régime fiscal a un avantage considérable : le déficit foncier (situation où tu as plus de dépenses déductibles que de revenus imposables). En nu, le déficit foncier vient en diminution du revenu global. On dit que le déficit foncier est imputable... sous-entendu imputable sur le revenu global. Ce qui est rarement possible en location meublée.

Le déficit foncier (résultant de dépenses autres que les intérêts d'emprunt) s'impute sur le revenu global à hauteur maximum de 10 700 € par an. Le surplus reste déductible des revenus des dix années suivantes.

Une fois que tu as déduit ton déficit foncier de ton revenu global, l'État te demande de poursuivre la location du bien pendant au moins trois ans, sinon tu devras rembourser l'économie d'impôt réalisée grâce au déficit.

Pour avoir plus de détails sur le déficit foncier, je t'invite à visionner la vidéo : http://bit.ly/calcul-déficit-foncier

Par ailleurs, la location nue ne comporte pas les inconvénients du meublé en termes de gestion : achat et entretien des meubles, ainsi que courte durée du bail.

Cependant, aux revenus fonciers, toutes les charges ne sont pas autorisées à être déduites fiscalement, par exemple : les frais de notaire. Seule une liste précise de charges est déductible. Cependant, rassure-toi, dans la majeure partie des cas, tu pourras déduire 100 % de tes dépenses.

Si tu as un doute à savoir si une dépense est déductible ou non, consulte sur internet le BOFiP n° BOI-RFPI-BASE-20. Le BOFiP est le Bulletin officiel des Finances publiques, c'est une base documentaire publiée par la direction générale des Finances publiques. Le site en ligne permet un accès à toute la réglementation fiscale en vigueur.

Les programmes de défiscalisation

Lorsque l'on parle de défiscalisation, la plupart des gens pensent aux programmes loi Pinel, Duflot...

Ce sont des dispositifs fiscaux pour encourager les contribuables à investir dans l'immobilier locatif et développer l'offre de logements locatifs aux loyers contrôlés et raisonnables.

Les biens immobiliers qui en bénéficient sont des immeubles neufs ou en cours de construction situés dans des zones choisies par l'État.

Lorsqu'il investit dans un bien dit Pinel, l'investisseur obtient une réduction d'impôt représentant 12 % à 21 % de la valeur du bien (avec une valeur du bien plafonnée à 300 000 € et 5 500 € par m^2). La réduction ainsi calculée (% x valeur du bien) est annualisée pour venir en réduction des impôts à payer par le foyer fiscal.

Exemple :

Un investisseur a acheté en Pinel un bien de 52 m^2 pour 295 000 € (soit 5 673 € du m^2).

Le prix au m^2 étant plus élevé que le plafonnement au m^2 (5 500 €), la valeur du bien retenue sera différente du prix d'acquisition :

5 500 € x 52 m^2 = 286 000 €.

L'investisseur a pris un engagement de location de neuf ans, soit 18 % de réduction :

286 000 € x 18 % = 51 480 €.

La réduction d'impôt totale est de 51 480 €.

51 480 / 9 = 5 720 €

Soit une réduction annuelle d'impôts de 5 720 €.

Le montant de réduction d'impôt est plafonné à 6 000 € par an.

En contrepartie, l'acheteur prend l'engagement :

- De donner le bien en location nue à titre de résidence principale à une personne autre qu'un membre de son foyer fiscal.
- Pour une durée de location allant de six à douze ans. Plus la durée d'engagement est longue et

plus le taux de réduction est élevé. Six ans = 12 % ; neuf ans = 18 % ; douze ans = 21 %.

- Ne pas dépasser un plafond de loyer. Les prix au mètre carré varient en fonction de la situation géographique du bien. Les seuils et plafonds sont fixés par décret, publié chaque année sur le site de l'ANIL, l'Agence nationale pour l'information sur le logement.

Le principal avantage du Pinel par rapport à un investissement classique est de réduire les impôts que tu paies déjà, pendant les six à douze prochaines années, tout en accédant à la propriété.

Cependant, il y a des inconvénients à ne pas négliger :

- Le marché du neuf est 30 % plus cher que le marché de l'ancien.
- Le bien est dans une zone où plusieurs logements à défiscalisation sont construits : l'offre locative peut devenir plus forte que la demande. Par conséquent, la vacance locative risque d'être plus longue, les loyers tirés vers le bas. Pour réduire ces risques, il est important de s'adapter à la demande locale en évitant par exemple d'acheter un studio alors que les deux-pièces sont plus recherchés.
- En Pinel, les loyers sont plafonnés, la location est obligatoirement nue. En conséquence, pendant toute la période d'engagement, tu n'as aucune

possibilité d'optimiser le montant de tes revenus locatifs (en passant du nu au meublé par exemple).

- L'investisseur est bloqué plusieurs années avant de revendre, sinon tous les avantages fiscaux acquis devront être remboursés sans pour autant récupérer la partie de loyer manquante.
- L'histoire nous montre que la majorité des investisseurs revendent en même temps leurs logements (à la fin de l'engagement). Cette revente « massive » réduit les possibilités de plus-values.

Bien souvent, le gain fiscal se perd via une moindre plus-value, une rentabilité plus faible et un projet dans l'ensemble moins pilotable...

Avec le Pinel, il te faut être certain de pouvoir faire cet effort financier mois après mois ou année après année. En cas de dégradation de ta situation financière, il est plus difficile de sortir d'un engagement Pinel que de revendre un bien classique.

Les biens Pinel sont moins liquides que les biens classiques. La liquidité d'un investissement représente la capacité à acheter ou à vendre rapidement un bien.

Ce type de bien n'est clairement pas pour les investisseurs qui attendent un retour sur investissement rapide et rentable, mais plutôt pour les investisseurs qui paient déjà pas mal d'impôts, ont une situation financière confortable et veulent, sur un marché locatif pérenne et une stratégie adaptée, investir en immobilier locatif.

Location meublée : pourquoi une niche fiscale

La location meublée est assimilée fiscalement à une activité de commerçant. À ce titre, elle se retrouve dans la catégorie BIC (bénéfices industriels et commerciaux).

Les régimes LMP et LMNP (loueur meublé professionnel et loueur meublé non professionnel) sont deux sous-régimes du régime BIC. L'investisseur qui investit en nom propre est imposé dans la catégorie BIC, soit :

- au « sous-régime » LMP si l'activité est professionnelle,
- soit au « sous-régime » LMNP si l'activité est patrimoniale.

Nous verrons plus tard les conditions pour être loueur meublé professionnel.

Le régime du LMNP est très apprécié auprès des investisseurs immobiliers car le taux d'abattement au micro (50 %) est supérieur à celui des revenus fonciers (30 %).

Le régime au réel est encore plus avantageux car en termes de déduction des charges, les régimes fiscaux LMP et LMNP suivent le régime commun à toutes les entreprises industrielles et commerciales imposées en France.

Ce qui a pour conséquence deux avantages :

1. Toutes les charges liées à l'activité sont déductibles selon les règles de droit commun.

C'est-à-dire que pour être admises en déduction pour la détermination du résultat fiscal, les dépenses doivent, d'une manière générale, satisfaire aux conditions suivantes :

- être exposées dans l'intérêt direct de l'exploitation ou se rattacher à la gestion normale de l'entreprise ;
- correspondre à une charge effective, non excessive et être appuyées de justifications suffisantes ;
- être comprises dans les charges de l'exercice au cours duquel elles ont été engagées.

Il est indiqué que la dépense doit être réelle et dans l'intérêt de l'exploitation. Pour qualifier une telle dépense, imagine devoir la justifier à un contrôleur des impôts :

- Est-ce que cette dépense est logique compte tenu de l'activité ?
- Est-ce que cette dépense est à usage exclusif de mon locatif ?
- Est-ce que j'ai une facture ou une preuve d'achat ?

Prenons l'exemple de l'achat d'un appareil photo.

- *Est-ce que cette dépense est logique : oui, tu fais des photos pour la mise en location.*

- *Est-ce que cette dépense est à usage exclusif : tout dépend de la taille de ton patrimoine. Si tu n'as qu'un bien et deux photos à faire, tu ne pourras pas justifier le caractère non excessif de la charge.*

Par contre, si tu arrives à justifier ton activité de location saisonnière, l'importance de ton patrimoine et la fréquence à laquelle tu mets tes photos à jour, il n'y a pas de raison pour que le contrôleur remette en cause la déduction de cet achat.

Par ailleurs, il est tout à fait possible de ne déduire qu'une fraction de la dépense. À toi d'avoir une justification solide et valide.

Aussi, il est intéressant de savoir qu'une charge non déductible fiscalement peut le rester comptablement. Ce qui signifie qu'une dépense partiellement déduite du résultat fiscal peut, dans la mesure où celle-ci ne constitue pas un abus, rester totalement à la charge de l'activité ou de la société.

2. L'achat du bien immobilier est amorti*.

C'est le deuxième avantage de la location meublée au réel. Lorsque le bien est amorti, au moment du calcul du résultat comptable, on va créer une charge fictive pour diminuer le revenu locatif. Cette charge fictive est l'amortissement.

En comptabilité, l'amortissement correspond à une perte de valeur, liée à l'usure normale du bien immobilier sur une période donnée. Cette charge fictive, l'amortissement, va venir diminuer le revenu imposable et, dans 85 % des cas, créer un déficit comptable.

L'amortissement est une des principales forces de la location meublée au réel. C'est ce mécanisme qui permet à la majorité des loueurs en meublé de payer très peu d'impôts, voire pas du tout les premières années.

En fonction du sous-régime, LMP ou LMNP, le déficit n'est pas traité de la même manière :

- Au LMNP : le déficit ne peut pas être déduit du revenu global, mais peut l'être sur les revenus LMNP des dix années suivantes.
- Au LMP : le déficit peut être déduit du revenu global sans limitation, sous réserve qu'il ne provienne pas des amortissements. Ce qui en pratique est quasi impossible, car ce sont justement les amortissements qui créent une grande partie du déficit.

La location meublée bénéficie d'un régime fiscal attrayant grâce à sa qualification fiscale d'activité commerciale (au niveau juridique elle reste une activité civile).

Le régime fiscal LMNP est perçu comme niche fiscale pour principalement trois raisons : le taux forfaitaire du micro à 50 % au lieu de 30 % en nu, l'amortissement comptable au réel et la possibilité de déduire plus de charges tant qu'elles restent dans l'intérêt de l'exploitation.

Le régime du loueur meublé professionnel

Un loueur devient loueur professionnel, lorsqu'il remplit les deux conditions suivantes :

- le montant des recettes[7] du loueur meublé dépasse le **seuil de 23 000 € par an** ;
- le total des recettes du loueur meublé dépasse les autres revenus professionnels du **foyer fiscal**.

Cette mesure est récente (1er janvier 2019), c'est pourquoi le législateur a prévu des mesures transitoires pour les loueurs ayant commencé avant le 1er janvier 2009.
Les autres loueurs qui n'étaient pas encore professionnels malgré l'atteinte des deux conditions, le deviennent automatiquement.

Concrètement, c'est à partir du seuil de 23 000€ que l'on peut commencer à se poser des questions :

---

[7] Loyers charges comprises

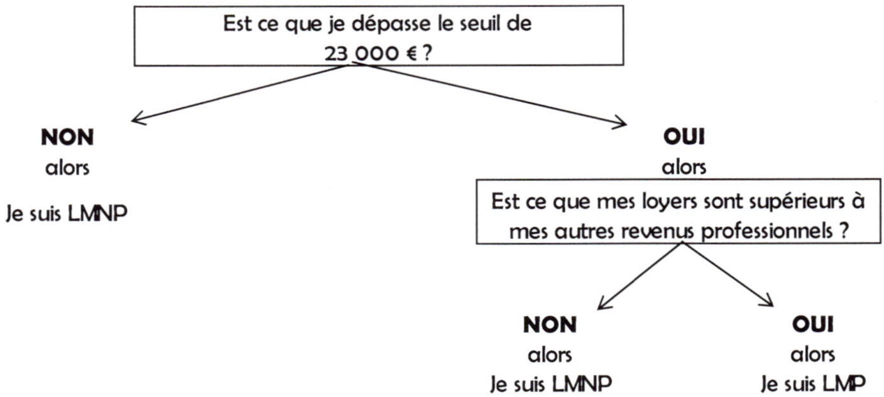

Voici les conséquences pour le loueur professionnel :

- Les déficits peuvent être imputés sur le revenu global (possible en apparence mais bien souvent impossible car seuls les déficits ne provenant pas des amortissements peuvent être imputés sur le revenu global) ;
- L'imposition des plus-values bénéficie d'exonérations (on en parle dans le chapitre sur l'imposition de la revente) ;
- Les revenus locatifs sont soumis aux cotisations sociales. Elles sont de l'ordre de 23 % à 45 %, et se limitent bien souvent à une cotisation minimale d'environ 1 200 €/1 500 € par an (grâce notamment aux amortissements qui réduisent le bénéfice imposable).

La professionnalisation de l'activité en passant au LMP permet à l'investisseur d'échapper à la taxation des plus-values immobilières et de l'IFI (ex ISF). En contrepartie, l'activité est soumise à cotisations sociales.

Les obligations du loueur meublé

L'immatriculation

La location meublée étant considérée comme une activité de commerce, il est nécessaire de s'immatriculer auprès du centre de formalités des entreprises (CFE) afin d'obtenir un numéro de SIRET.

La déclaration est à renouveler à chaque nouvelle acquisition.

En principe, cette déclaration est à effectuer dans les quinze jours qui suivent l'acquisition ou le début d'activité.

La déclaration en mairie

Lorsque le bien est loué en saisonnier et avant la signature de l'acte définitif, renseigne-toi auprès de ta mairie pour savoir s'il est nécessaire de faire une demande d'autorisation **préalable**. C'est une demande imposée par certaines villes afin d'obtenir une autorisation d'exercice en location courte durée.

C'est très important car depuis octobre 2018 (loi ÉLAN), le fait de ne pas respecter cette déclaration (si elle est mise en place par ta ville) peut être sanctionné de 5 000 € d'amende.

Avec la loi ÉLAN, le législateur a également imposé que le numéro de SIRET du loueur apparaisse dans chaque annonce de location, donc si tu n'as pas encore effectué ta déclaration auprès du CFE, c'est le moment. L'État a demandé aux plateformes type Airbnb, Booking d'imposer aux loueurs une déclaration sur l'honneur attestant qu'ils sont en règle au niveau de leurs obligations déclaratives. Les plateformes peuvent être lourdement sanctionnées, elles vont donc toutes mettre en place un système pour s'assurer qu'elles émettent des annonces régulières en termes d'obligation d'immatriculation.

Le CGA

Les Centres de gestion agréés (CGA) sont des structures associatives de proximité dont la vocation première est d'apporter une assistance à la gestion et une sécurité fiscale à leurs membres adhérents.

Les Centres de gestion agréés apportent une aide technique en termes de gestion et de fiscalité. Plus concrètement, si tu adhères à un CGA, chaque année il te faudra lui envoyer tes comptes pour qu'il porte un regard sur ta comptabilité et ta fiscalité.

Le CGA est important car il permet d'avoir une dispense de majoration du résultat fiscal.

En France, quand tu as une activité professionnelle en nom propre et que tu déclares au réel, l'administration fiscale majore automatiquement ton bénéfice fiscal de 25 %, SAUF si tu adhères à un CGA.

Un autre avantage du CGA est de bénéficier d'une réduction d'impôt au titre de frais de comptabilité et d'adhésion au CGA. Cette réduction correspond à deux tiers des dépenses de frais de comptabilité, limités à 915 € par an. Cette réduction d'impôt vient en diminution du total d'impôt à payer du foyer fiscal, tous revenus confondus.

Certains investisseurs, lorsque leur bénéfice fiscal est déficitaire, décident de ne pas opter pour un CGA. En effet, 25 % de zéro font toujours zéro. Cependant, bien que le déficit rende l'adhésion au CGA moins pertinente, elle le reste pour une question de double contrôle.

J'ai rencontré une investisseuse qui avait fait appel à un expert-comptable ainsi qu'à un CGA. Eh bien, heureusement pour elle, car le CGA a relevé quatre fautes (inexactitudes ou oubli d'optimisation) de l'expert-comptable, ce que je trouve énorme sur une comptabilité de LMNP. Donc, si tu n'as pas les compétences pour le faire, le CGA te permet d'avoir un certain contrôle sur ton expert-comptable. Il peut même effectuer les déclarations auprès de l'administration fiscale.

Les tarifs varient entre 150 € et 350 € par an.

Pour Faire Court

En fiscalité des particuliers, le revenu locatif peut être taxé au réel ou de manière forfaitaire avec les régimes micro.

Pour une même activité, il n'est pas possible d'avoir un bien au micro et un bien au réel.

Le TMI aide à évaluer l'imposition des futurs revenus locatifs. Il correspond au taux le plus haut, du barème progressif, auquel tes revenus actuels sont imposés.

Les programmes de défiscalisation permettent, en contrepartie d'engagements, de bénéficier de réductions d'impôts.

La location meublée, fiscalement avantageuse, est soumise à des obligations déclaratives particulières.

Activité	Nom du régime	Taux MICRO	Seuil pour Réel Obligatoire	Déduction des charges	Déficit imputable sur le revenu global	Montant maximum du déficit imputable	Amortissements
Location Nue	Revenus Fonciers	30%	15 000 €	Selon une liste	Oui	10 700 €	Non
Location Meublée	BIC - LMNP	50%	70 000 €	Selon les règles de droit commun	Non	NC	Oui
	BIC - LMP	50%	70 000 €	Selon les règles de droit commun	Oui	aucun	Oui

Le Régime Fiscal Des Sociétés

"C'est la connaissance de la structure légale d'une entreprise qui accorde vraiment aux riches un immense avantage"

Robert Kiyosaki

L'impôt sur les sociétés est le régime fiscal des sociétés qui paient elles-mêmes leurs impôts, et ce quelle que soit l'activité exercée (nue ou meublé).

Les règles de calcul de l'IS ont pour base les règles de calcul des BIC avec quelques adaptations. Ces adaptations concernant plus particulièrement les grandes entreprises (je dirais plus d'un million d'euros de chiffre d'affaires), elles ne seront pas abordées dans ce livre. Tu trouveras ici les informations essentielles pour les investisseurs de zéro à un million d'euros de patrimoine.

En fiscalité des sociétés, il existe deux principales catégories de revenus :

- Les bénéfices,
- Les plus-values des sociétés.

La méthode de calcul du résultat imposable est identique, quel que soit le mode d'exploitation.

La force de l'IS

Le taux d'imposition de l'impôt sur les sociétés fait la force de ce régime, car il est plutôt stable avec une tendance à la baisse. Dans les années quatre-vingt, le taux de l'IS était de 50 %, soit la moitié du bénéfice, puis il est passé à un tiers. Depuis 2017, il baisse progressivement pour atteindre le taux de 25 % en 2022.

Contrairement au régime des particuliers :

- qui ne cesse de varier dans ses tranches : alors qu'il y en avait quatorze jusqu'en 1986, aujourd'hui, il n'en reste que cinq ;
- l'exonération de la plus-value pour durée de détention est passée de 15 à 30 ans puis à 22 ans en partie ;
- l'apparition, en 1995, des prélèvements sociaux avec, depuis, une augmentation de plus de 3 000 % (taux de 1995 : 0,5 % ; taux de 2018, année de la dernière revalorisation : 17,2 %)...

Également, l'IS bénéficie d'un taux réduit de 15 % pour les bénéfices inférieurs à 38 120 €, à condition que le capital soit :

- entièrement versé sur le compte bancaire de la société,

- détenu par 75 % de personnes physiques (des particuliers),
- et que le total du chiffre d'affaires soit inférieur à 7,63 millions d'euros (il y a de la marge ☺).

De par sa stabilité, le régime de l'IS permet de piloter plus facilement l'imposition à long terme.

En contrepartie de cette stabilité de l'impôt, lorsque la société verse une partie de son bénéfice à son associé personne physique, ce dernier paie un impôt sur les dividendes versés.

Les dividendes

Les dividendes sont la partie du bénéfice versée aux associés.

Pour l'associé qui souhaite disposer librement de la trésorerie de sa société, cette dernière (soumise à l'IS) devra verser des dividendes.

Voici un schéma pour voir d'un coup d'œil quand il y a versement de dividendes :

- *L'imposition du bénéfice dans une SCI :*

	Bénéfices générés	Bénéfices sortis =>DIVIDENDES
SCI à l'IR	Imposés au barème progressif selon le TMI	X
SCI à l'IS	Imposés à l'IS au taux réduit (15%) ou au taux de droit commun (28%)	Imposés à la taxe Flat (30%) ou au barème progressif selon le TMI (avec un abattement de 40 %)

Plusieurs conditions doivent être respectées pour qu'une société puisse verser des dividendes :

- Le capital doit être libéré, c'est-à-dire versé sur le compte bancaire de la société ;
- Le versement des dividendes doit être approuvé préalablement ou ultérieurement en assemblée générale des associés ;
- Une déclaration est à effectuer auprès de l'administration fiscale. En principe, la société a obligation de payer l'acompte d'impôt sur le revenu à la place des associés, bien qu'il soit possible pour les associés d'opter globalement pour le barème progressif ;
- La distribution est calculée sur la base du bénéfice distribuable et non pas en fonction de la trésorerie de la société. C'est-à-dire qu'il est possible de ne pas pouvoir se verser de dividendes, même en ayant une trésorerie positive.

Comme nous l'avons vu dans le chapitre *Parier sur l'avenir*, il existe des différences de mouvements entre la comptabilité, la fiscalité et la trésorerie. Pour les dividendes, il est important de bien faire la distinction entre le montant du bénéfice distribuable et le montant en banque : la trésorerie.

Par exemple, le bénéfice distribuable prend en compte les amortissements. Ces derniers étant une charge fictive, ils diminuent le bénéfice comptable sans pour autant diminuer la trésorerie.

Également, le bénéfice distribuable ne comprend pas, alors qu'il diminue la trésorerie, le remboursement du capital à la banque.

Aussi, il est possible que la société ait l'obligation de constituer une réserve légale. La réserve légale est une obligation pour toutes les sociétés à responsabilité limitée (SARL, SAS). Le législateur a accordé la responsabilité limitée aux sociétés ; en contrepartie, il leur est demandé d'augmenter les capitaux de la société afin d'assurer, dans le temps, leur solvabilité. Pour cela, chaque année, les associés ont l'obligation de doter une partie du bénéfice (après impôts) en réserve légale, à hauteur, par exemple pour la SARL, de 5 % du bénéfice réalisé et dans la limite de 10 % du montant du capital social. Et selon les statuts pour la SAS.

Le montant laissé en réserve légale ne peut être distribué sous forme de dividendes.

Ce qui signifie que mathématiquement, il est possible de ne pas être autorisé à verser des dividendes en ayant la trésorerie nécessaire et inversement.

Exemple :
Le bénéfice distribuable est :

- *le bénéfice de l'exercice diminué des pertes antérieures,*
- *diminué des sommes à inscrire obligatoirement en réserve,*
- *augmenté des bénéfices antérieurs non distribués.*

Une SCI réalise un déficit comptable de 1 000 €. Son compte bancaire fait apparaître un solde positif de 2 000 €. Le bénéfice non distribué de l'année précédente est de 600 €.

- *bénéfice de l'exercice : -1 000 €*
- *réserve : 0 €*
- *bénéfices antérieurs non distribués : 600 €*
- *bénéfice distribuable : -1 000 € + 600 € = - 400 €*

Aucun dividende ne peut être distribué malgré un disponible en banque de 2 000 €.

Du fait de la déconnexion entre la trésorerie et le bénéfice distribuable, sois vigilant sur l'évolution du bénéfice comptable, notamment au regard des amortissements.

Les amortissements, comme vu plus haut, viennent minorer le résultat comptable.

A ce titre, plus le montant des amortissements est élevé et moins la trésorerie peut-être distribuée.

Ceci n'a pas trop d impact les premières années de détention du bien, puisqu'avec le remboursement du capital à la banque, la société ne dispose, finalement, pas énormément de trésorerie (sauf pour les projets à hauts rendements comme la colocation ou le saisonnier).

Cependant, les choses s'inversent une fois le crédit terminé : plus les amortissements seront élevés et moins l'associé pourra se verser de dividendes.

Il est tout à fait possible de piloter ce décalage au moment de la création du plan d'amortissement en jouant sur les durées d'amortissement de chaque composant de l'immeuble.

Il est à noter qu en l'absence de versement de dividendes ou dans le cadre d'un groupe de sociétés, l'impact des amortissements sur la trésorerie disponible est non significatif. En effet, avec le groupe holding et l'utilisation du mécanisme des avances en compte-courant d'associés, la société dispose plus librement de sa trésorerie (voir les chapitres correspondants).

Egalement, pour optimiser le versement des dividendes, tu devras tenir compte de l'évolution de ton TMI car les dividendes sont imposés (voir la partie sur *les avantages à investir en société* avec la technique de l'encapsulage).

L'imposition des dividendes

Une fois versés, les dividendes sont soumis à imposition auprès de l'associé personne physique.

Depuis le 1er janvier 2018, les dividendes peuvent être imposés au choix du contribuable :

- à la flat tax de 30 % (12,8 % d'impôt + 17,2 % de prélèvements sociaux),
- ou au taux du TMI, majoré du taux des prélèvements sociaux après abattement de 40 % sur les dividendes. Cette option est avantageuse pour les personnes dont le TMI est de 14 %. L'abattement n'étant pas limité, il sera nécessaire de calculer l'option la plus avantageuse pour ceux qui ont un TMI à 30 %.

Malgré cette double imposition des bénéfices, la société à l'IS 15 % peut rester intéressante par rapport à une détention en nom propre.

En effet, en cas de bénéfice, un investisseur avec un TMI de 30 % paiera 47,2 % d'impôts (TMI + les prélèvements sociaux) au lieu d'une imposition à 45 % avec l'IS (15 % d'IS + 30 % de flat tax).

2,2 % peuvent sembler dérisoire sur un petit patrimoine ; ils prennent un tout autre sens lorsque le patrimoine augmente et que l'investisseur saute de tranche au barème progressif.

Du fait de cette double imposition du bénéfice, investir en société à l'IS est particulièrement adapté aux investisseurs qui veulent réinvestir leur trésorerie dans la société. Réinvestir par exemple avec l'achat de biens immobiliers.

Toutefois, il est possible d'éviter cette double imposition grâce aux régimes fiscaux des sociétés de holding.

La société de holding

La holding est un terme anglo-saxon pour désigner la « société mère ». Il s'agit d'une société détenant des parts de sociétés, dans le but de constituer un groupe, qu'elle va piloter ou non selon les cas.

Quelle que soit sa forme juridique (SCI, SARL, SAS), une société peut être une société holding. En d'autres termes, une holding peut être une société que tu possèdes déjà (une SCI ou autre), il n'y a pas forcément création d'une société nouvelle.

J'aime comparer la holding, le groupe de sociétés, à un cercle vertueux. C'est un outil d'optimisation utilisé par les plus grandes fortunes de France, indispensable pour construire un empire. Le groupe permet une optimisation fiscale grâce aux régimes fiscaux dédiés, la quasi libre circulation des capitaux et aussi il permet de mutualiser les coûts ou encore de séparer les activités les unes des autres (ce qui facilite la gestion quotidienne).

Exemple :

Une holding détient plusieurs sociétés immobilières. Chaque société détient un immeuble.

Là où il aurait été compliqué de justifier l'achat d'un appareil photo dans une société avec un seul bien immobilier, cet achat devient tout à fait explicable au niveau de la holding puisqu'il sera utile à l'ensemble des sociétés du groupe.

Il existe deux régimes fiscaux spécifiques aux groupes de sociétés. Le régime mère-fille et le régime de l'intégration fiscale.

- Le régime mère-fille permet une quasi-exonération des dividendes qui circulent entre les sociétés filles et la société mère. Seule une quote-part de 1 % à 5 % des dividendes est imposable. Le régime mère-fille peut être choisi lorsque la société mère détient au minimum 5 % du capital de la fille.

- Le régime de l'intégration fiscale permet de calculer un impôt global pour l'ensemble du groupe de sociétés. Ainsi, les pertes engendrées par une société peuvent diminuer les gains générés par une autre. Le régime de l'intégration fiscale peut être choisi lorsque la société mère détient au minimum 95 % du capital de la fille.

Lorsqu'un groupe opte pour le régime de l'intégration fiscal, le taux d'IS est le taux de droit commun (28 % en 2019 pour arriver à 25 % en 2022). Il n'est pas possible de bénéficier de l'IS à taux réduit (15 %) car la société n'est pas détenue à 75 % par des personnes physiques.

Ces deux régimes fiscaux permettent la quasi libre circulation des capitaux car les dividendes sont faiblement fiscalisés. En contrepartie, il sera demandé notamment à la holding de conserver le lien avec la ou les sociétés pendant une période de 2 à 5 ans.

Le montage holding est destiné plutôt aux investisseurs qui réinvestissent leur trésorerie dans de l'immobilier ou toute autre activité exercée au sein du groupe de sociétés. Il ne conviendra pas aux investisseurs qui veulent sortir de la trésorerie pour leurs besoins personnels (exemple : remboursement du prêt de la résidence principale), sauf s'ils cherchent à se faire salarier par leur activité ou qu'ils ont un gros patrimoine.

Je t'invite à visionner la vidéo que j'ai publiée sur la holding : http://bit.ly/butholding ; elle compare la holding au mode de détention en nom propre ou via une SCI à l'IS.

Le régime mère-fille ou celui de l'intégration fiscale ne sont pas les seules impositions réservées aux sociétés à l'IS. Selon les caractéristiques du bien immobilier détenu, une société peut être amenée à payer une contribution sur les revenus locatifs.

La contribution sur les revenus locatifs

La contribution sur les revenus locatifs est une taxe à payer par les sociétés soumises à l'impôt sur les sociétés quand deux autres conditions sont remplies :

- L'immeuble est achevé depuis plus de quinze ans. Un immeuble est considéré comme achevé dès lors qu'il est habitable.
- Les loyers ne sont pas soumis à la TVA.

Quand les conditions sont remplies, la taxe est due annuellement à hauteur de 2,5 % des loyers encaissés.

Le compte-courant d'associés

Le compte-courant d'associé est un prêt qu'un associé peut faire à sa société.

Les principaux avantages du compte courant d'associé sont :

- l'associé peut bénéficier d'un taux d'intérêt rémunérant cet argent

- Le prêt ou l’avance de trésorerie peut être remboursé à tout moment, quelque soit la situation comptable de la société.

Tu peux utiliser le compte courant pour financer certains frais, que tu souhaites déduire de tes revenus locatifs, alors que ta société n’a pas assez de trésorerie.

Le compte courant d’associé est, également, une alternative au capital social, notamment en cas d’apport important.

Par exemple au lieu de mettre la totalité de l’apport en capital social (qui ne peut être distribué), tu pourras mettre une partie en capital et l’autre en compte courant. Ainsi, au fur et à mesure que la trésorerie de la société augmente, il te sera possible de récupérer la somme sans formalité, ni imposition.

Au vu des avantages, tu peux te demander est ce qu'il peut être intéressant de placer mon épargne au sein de ma société ?

Il est vrai que par rapport au livret A, le compte courant d'associé peut-être mieux rémunéré.

Sa rémunération dépend d'un taux que tu peux choisir (en restant dans les taux du marché), cependant la déduction des intérêts d'emprunt sera limitée *à la moyenne annuelle des taux effectifs moyens pratiqués par les établissements de crédit pour des prêts à taux variable aux entreprises d'une durée initiale supérieure à deux ans*[8].

---

[8] BOI-BIC-CHG-50-50-30 §20

Il est donc possible de rémunérer le compte courant à 3,5%, cependant seul 1,34% seront autorisés à être déduit du résultat fiscal de la société.

Comme il peut-être remboursé à tout moment, l'épargne reste disponible, contrairement, par exemple, au PEL qui perd sa rémunération si l'argent est débloqué de manière anticipée.

L'associé qui se voit verser cette rémunération devra la déclarer dans la catégorie *revenus de capitaux* et payer un impôt dessus (imposition forfaitaire à 30%). C'est donc une décision à calculer préalablement.

En tout cas, même si la rentabilité apparente semble faible, c'est un moyen facile à mettre en place pour rémunérer, le temps que l'on veut, une épargne.

Néanmoins, pense toujours à avoir une explication autre que « *je souhaite placer mon épargne à un meilleur taux* » pour justifier, en cas de contrôle fiscal, l'intérêt de l'avance rémunérée.

L'enregistrement des dépenses et des recettes

Une société soumise à l'IS a l'obligation de tenir une comptabilité d'engagement. Une comptabilité d'engagement peut être étrange pour un investisseur qui est habitué à investir en nom propre.

En effet, en nom propre, sur la feuille de déclaration des revenus, il est impératif d'indiquer des recettes et dépenses payées.

Or à l'IS, les opérations comptables sont comptabilisées lorsqu'elles sont acquises (recettes) ou engagées (dépenses), même si elles ne sont pas encore payées sur le plan financier.

Ce qui signifie que des loyers non encore payés peuvent être imposés. Toutefois, l'imposition sera annulée grâce à l'enregistrement d'une créance douteuse voire irrécouvrable[9].

Les avantages à investir en société

Il y a plusieurs avantages à investir par le biais d'une société :

- Retarder l'imposition au TMI,
- Développer un groupe fiscalement optimisé,
- Éviter les contraintes de l'indivision,
- Faciliter la transmission,
- Dissocier son patrimoine immobilier de son patrimoine personnel,
- Faire passer la location nue au régime de l'IS pour profiter de l'amortissement comptable et des autres avantages ci-dessus,

---

[9] Les créances douteuses sont des créances certaines dans leur principe (c'est-à-dire non contestées) à l'encontre des locataires qui présentent une solvabilité douteuse ou envers des locataires avec lesquels il y a un litige. La créance devient irrécouvrable lorsque la perte est certaine et définitive.

- Être imposé sur la base d'un bénéfice au lieu d'un revenu.

Ce dernier avantage mérite d'être détaillé dès maintenant. Je vais te partager une notion clé présentée dans le livre de Robert Kiyosaki, *Père riche, père pauvre*.

C'est en lisant ce livre que j'ai compris que ce que j'appliquais tous les jours dans mon travail, je ne l'appliquais pas totalement pour mes dépenses personnelles.

C'est un concept très important pour ceux qui veulent « fabriquer » beaucoup d'argent... C'est pourquoi ces prochaines lignes expliquent aussi le deuxième point de la liste des avantages : développer un groupe fiscalement optimisé.

Ce principe permet à toute personne qui l'utilise de réduire légalement et de manière éthique sa fiscalité de plus de 50 %.

Dans son livre, Robert Kiyosaki nous parle de la différence qui existe entre les salariés et les entreprises.

Pour bien comprendre la situation, imaginons un salarié avec un salaire mensuel de 1 200 €.

Sur ces 1 200 €, 20 % sont utilisés pour les dépenses du quotidien (240 €) et 30 % pour le loyer (360 €).

1 200 - 240 - 360 = 600

À la fin du mois, il reste 600 € au salarié.

Maintenant, prenons le cas d'une société.

Elle a aussi des dépenses quotidiennes. Dans les mêmes proportions que le salarié, pour un chiffre d'affaires de 1 200 €, elle a 240 € de dépenses, 360 € de loyer.

Je mets les chiffres en hors taxes (HT) et toutes taxes comprises (TTC), parce que les entreprises ne paient pas vraiment de TVA. Elles la collectent pour l'État. Comme ton employeur collecte sur ta fiche de paie les charges sociales pour les reverser à l'URSSAF.

Voici les chiffres en HT et TTC :

1 200 € TTC - 240 € TTC - 360 € TTC = 600 € TTC

1 000 € HT - 200 € HT - 300 € HT = 500 € HT

À la fin du mois, il reste à l'entreprise 600 € TTC ou 500 € HT.

Dans cet exemple simpliste, on se retrouve avec :

Un salarié et une entreprise, qui gagnent chacun 1 200 € et paient chacun 600 € de charges. Il reste à chacun 600 € TTC.

Tu te demandes peut-être où je veux en venir... J'y arrive... Que se passe-t-il au moment de payer l'impôt ?

Le particulier va payer un impôt sur une base de 1 200 €, c'est son salaire (ou plutôt de 1 080 € avec l'abattement de 10 %).

Pour les entreprises, c'est différent. La base imposable est toujours le résultat de :

Recettes - Dépenses

ou, pour être plus correcte, de :

Produits - Charges

Le tout en hors taxes.

Normal puisque, au regard de la TVA, une société est un intermédiaire de l'État. Elle collecte la TVA auprès de ses clients pour la reverser à l'État.

Pour l'entreprise de notre exemple, la base imposable est de 500 € HT.

Produits HT - Charges HT = 500 € HT.

Au lieu de 1 200 € TTC pour le salarié.

Premier constat : la base imposable de la société est un bénéfice et celle du salarié un revenu.

Certains diront : « En tant que particulier, le barème progressif est avantageux car il permet de ne pas payer d'impôt sur la première tranche de revenu (de zéro à presque 10 000 € de revenus). De plus, les tranches suivantes sont progressives de 14 % à 45 % d'impôts. » Oui, ils ont raison. Cependant, sur la route de ton enrichissement, ne perds pas de vue ce concept, car même si les entreprises paient de l'impôt dès le premier euro, cet impôt est à un taux « fixe » de 28 %. Réduit à 15 % dans certaines conditions. Cumulé à l'effet de la base imposable plus faible, l'impact n'est pas négligeable.

Prenons un gain annuel de 70 000 €.

Un célibataire qui déclare 70 000 € de salaire annuel paie, selon le barème progressif, 13 101 € d'impôts (abattement de 10 % inclus).

Soit 18,7 % d'impôts (base 70 000 €)

Pour une entreprise à l'IS, de 15 % avec 70 000 € de chiffre d'affaires, seulement 35 000 € (50 %) sont imposés. (produits - charges => 35 000 à 15 %)

L'impôt à payer est de 5 250 €.

Soit 7,5 % d'impôts (base 70 000 €)

Voilà le type d'écart que l'on peut trouver entre être taxé sur la base d'un revenu ou sur la base d'un bénéfice.

Une société à l'IS a l'avantage de rendre déductible une plus grande assiette de dépenses. Il est légal pour une société de déduire de ses revenus l'**ensemble** des dépenses ayant permis de générer ledit revenu.

Lorsque l'on regarde le palmarès des personnes très riches financièrement, premier constat : elles sont à la tête d'un groupe de sociétés. Quand on imagine leur vie, on se doute bien qu'au final, en termes de dépenses domestiques, il ne leur reste plus grand-chose à charge.

C'est comme le Président de la République, qui se voit accorder un logement de fonction car il donne « sa vie » à sa fonction. Une fusion se crée, il devient difficile de dissocier projet personnel et projet professionnel. Lorsque Pierre Rabhi[10] fait une conférence, vient-il dans un but professionnel : développer le réseau Colibris, ou dans un but personnel : faire sa part ? Comment savoir ?

En matière de fiscalité, réaliser cette fusion par l'intermédiaire d'un groupe de sociétés est le Saint Graal de l'optimisation fiscale pour moi, car seuls les groupes de sociétés permettent la libre circulation des capitaux (voir le chapitre sur la holding).

Être imposé sur le bénéfice permet d'accélérer l'enrichissement :

« Les employés rapportent de l'argent, sont taxés et ils essaient de vivre avec ce qu'il leur reste ; une entreprise rapporte de l'argent, dépense tout ce qu'elle peut et est taxée sur tout ce qui reste. C'est l'une des plus importantes échappatoires légales de taxes que les riches emploient. »

Robert Kiyosaki – *Père riche, père pauvre*

---

[10] *Pierre Rabhi est un essayiste, romancier, agriculteur, conférencier et écologiste français* dont la philosophie repose notamment sur la contribution de chacun à développer un monde meilleur. Faire sa part malgré l'apparente insignifiance de nos actions.

*

Ce qui nous amène à une frontière dérangeante, l'abus de biens sociaux : abuser des pouvoirs qui nous sont accordés pour nuire à notre société et plus largement à la société en général. Il est réalisé par des personnes corrompues prêtes à tout pour s'enrichir. Je parle de tout autre chose.

David Laroche est un coach en confiance en soi connu grâce notamment à une série de vidéos sur YouTube. Il est passionné des États-Unis d'Amérique, il adore y aller, parler anglais, etc. C'est son truc. Aujourd'hui, non seulement il tente une aventure entrepreneuriale là-bas mais il y retourne régulièrement et tourne des clips vidéo pour son activité de coach.

Il est tout à fait possible de voir la première facette : monter des stratagèmes pour mettre à la charge de son entreprise les frais de déplacement vers les États-Unis.

Il est possible de voir une seconde facette, dans laquelle vie personnelle et professionnelle ont fusionné. Aller tourner ses clips aux États-Unis le rend sûrement meilleur (pour transmettre son message) que de les tourner dans un studio en France.

C'est le même exemple pour Frédéric Lopez qui parcourt le monde *En terre inconnue* (émissions TV), et c'est le cas pour toutes ces personnes qui lient passion et fiscalité :)

Je cherche à démontrer que *payer le moins d'impôt possible* n'est pas quelque chose de forcément mal. Même la nature cherche l'optimisation (via le processus d'évolution) pour produire plus de fruits.

Nous formons à nous tous une société, une humanité et c'est essentiel que chacun contribue. Payer de l'impôt, c'est bien, mais pas à n'importe quel prix.

Aujourd'hui, on ne peut ignorer qu'une grande partie du budget de l'État est utilisée pour financer la guerre (2% du PIB d'ici 2025), payer une dette qui ne devrait pas exister.

J'aime reprendre ce qui est attribué au juge américain Billings Learned Hand :

« *Tout le monde devrait s'organiser pour payer le moins d'impôts possible ; personne n'est tenu de choisir le modèle le plus avantageux pour le Trésor. Payer beaucoup d'impôts n'est pas un devoir patriotique. Les tribunaux l'ont affirmé : il n'y a rien de mal à payer le moins d'impôts possible. Tout le monde le fait, le riche et le pauvre, et personne n'a tort, car personne n'a l'obligation publique de payer plus que l'exige la loi.* »

Ou encore cette publicité de la banque Morgan Stanley :

« *Vous devez payer des impôts, mais aucune loi ne stipule que vous devez laisser un pourboire.* »

Pour ma part, chaque réduction fiscale octroyée, quelle qu'elle soit, je la reçois avec plaisir. Je pense aussi sincèrement que, tous plans de l'économie confondus, nous avons de bonnes bases en France.

Dans d'autres pays, c'est moins taxé mais nettement moins folichon qu'ici. Au fond de moi, je me dis également qu'au moins une partie de *mon argent n'ira pas aux politiques*. Le plus important pour moi est de payer les impôts des villes, des départements, car ils contribuent beaucoup à notre quotidien. Depuis 2010, l'État leur a soutiré l'un de leurs principaux revenus (la taxe professionnelle) pour créer un nouvel impôt similaire, la CET (composée de la CFE et la CVAE), mais dont les retombées n'arrivent pas dans les mêmes caisses. Par un coup de maître, l'État a subtilisé l'argent qui finançait nos départements, nos écoles, nos routes, nos mairies. Les collectivités tirent l'alarme pour dire que leur budget a disparu… mais très peu de personnes entendent et comprennent ce cri d'alarme, car leurs impôts sont restés les mêmes.

Pour conclure, je me répète : payer des impôts, c'est bien, mais pas à n'importe quel prix. Optimiser sa fiscalité est signe d'intelligence financière, intelligence nécessaire pour devenir et rester riche sur le long terme, aussi bien individuellement que collectivement.

*

Un autre avantage d'investir en société, c'est la possibilité de retarder l'imposition au TMI. C'est ce qu'on appelle l'encapsulage des revenus. L'investisseur avec un fort TMI acquiert un bien immobilier par le biais d'une société à l'IS. Durant toute la période où son TMI est au plus haut, il ne se verse aucun dividende. Il attend le moment de la retraite, lorsque le TMI sera au plus faible pour se les verser et ainsi récupérer la trésorerie disponible de la société.

Technique de l'encapsulage

	Revenus Locatifs	Trésorerie
Quand le TMI est FORT	Imposés à l'IS au taux réduit (15%) ou au taux de droit commun (28%) sans versement de Dividendes	Conservée dans les comptes de la société
Quand le TMI est FAIBLE	Imposés à l'IS au taux réduit (15%) ou au taux de droit commun (28%) avec versement de Dividendes	Reversée aux associés au fur et à mesure des dividendes.

L'IS peut être également un outil d'optimisation fiscale pour les bailleurs en nu qui souhaitent utiliser la technique de l'encapsulage et aussi profiter de l'amortissement comptable obligatoire lorsque la société est à l'IS.

La société permet de contourner les contraintes de l'indivision.

L'indivision, c'est lorsqu'un bien appartient à un ensemble de personnes, sans qu'il y ait division matérielle du bien. L'indivision apparaît comme la solution la plus facile pour acheter un bien à plusieurs. Elle ne nécessite quasiment aucune démarche ni formalité particulière, contrairement à la création d'une société. Cependant, il y a des contraintes importantes, comme l'unanimité exigée pour les prises de décisions ou encore le fait que *« nul ne peut être contraint à demeurer dans l'indivision »*. Si l'un des indivisaires décide de mettre en vente sa quote-part, les autres, qui ne peuvent pas s'y opposer, disposent d'un droit de préemption sur la quote-part cédée, c'est-à-dire que les autres indivisaires sont prioritaires sur la vente mais à défaut de rachat (par un autre indivisaire ou par une autre personne), le bien doit être vendu. On retrouve souvent cette problématique avec les couples qui investissent conjointement puis qui se séparent. Si l'un veut vendre, l'autre est obligé de le faire, avec parfois des risques de mésentente.

Par rapport à l'indivision, la société est plus souple, moins contraignante. Investir en société permet, au moment de la succession ou d'une donation, d'éviter l'indivision entre les enfants.

Un autre avantage de la société est qu'elle permet de réduire les frais de transmission sur deux aspects : les droits d'enregistrement et la base taxable.

La cession des parts d'une société n'est pas soumise à la taxe de publicité foncière ; la société bénéficie donc d'une baisse des droits d'enregistrement. Également, une société étant plus contraignante à vendre qu'un bien en direct, les parts d'une société subissent donc une décote sur la base imposable d'environ 10 % par rapport à un bien vendu en direct.

La création d'une société offre bien d'autres avantages : optimiser la gestion juridique des biens immobiliers, maintenir un bien dans la famille, limiter les conflits potentiels en organisant leur détention sur plusieurs générations.

Cependant, il ne faut pas négliger pour autant les inconvénients de la société. Elle demande plus de formalisme, donc une certaine lourdeur administrative (création des statuts, PV d'assemblée des associés...). Cela nécessite d'en apprendre plus sur les documents comptables et administratifs afin de contrôler et de s'engager en connaissance de cause.

Les sociétés de capitaux dites opaques (SARL, SAS) sont moins bien appréciées par les banquiers, il te faudra alors leur vendre encore mieux ton projet.

En termes de fiscalité, avec l'IS, bien que les taux d'imposition soient stables, l'investisseur se prive des régimes d'exonération des plus-values du régime des particuliers.

Lorsque le projet est trop petit, l'imposition, du bénéfice aux dividendes, ainsi que les frais de gestion supplémentaires peuvent engloutir les avantages fiscaux espérés.

À présent que tu vois les avantages et les inconvénients de la société, tu te demandes sûrement quelles sont les différences entre elles, c'est ce que je te propose de voir maintenant entre la SCI, la SARL, la SAS.

Pour Faire Court

L'impôt sur les sociétés puise sa force dans la stabilité de son taux et aussi dans l'imposition d'un revenu après dépenses.

Les avantages à investir en société à l'IS sont nombreux : retarder l'imposition au TMI, profiter de l'amortissement comptable, faciliter l'acquisition à plusieurs. L'inconvénient majeur est le dividende car il aboutit à une double imposition du bénéfice. Une première fois au niveau de la société et une seconde au niveau de l'associé.

Cependant, en l'absence de versement de dividendes, l'IS permet, sur du long terme, de s'enrichir plus rapidement. Parce que l'investisseur conserve année après année un revenu faiblement fiscalisé au lieu de payer à chaque déclaration une imposition au TMI et aux prélèvements sociaux.

Pour pallier la double imposition du bénéfice, le fisc a créé deux régimes fiscaux dédiés aux groupes de sociétés. Ce qui place le montage holding au top niveau des outils d'optimisation. Il permet une optimisation fiscale, financière et facilite la gestion, la direction d'un groupe de sociétés.

SCI, SARL, SAS, Que Choisir

"Une société n'est ni plus ni moins qu'un dossier contenant des documents juridiques, rangés dans un bureau de juriste inscrit auprès d'un organisme de l'Etat"

Robert Kiyosaki

Je ne vais pas te faire un cours de droit des sociétés, donc ne t'attends pas à avoir deux cents pages au sujet de la SCI et deux cents autres pour la SARL ou la SAS.

L'idée est de t'aider à avoir un premier avis sur ces différentes sociétés (les principales : SCI, SARL, SAS).

J'aime beaucoup la définition de la société par Robert Kiyosaki, je trouve qu'elle remet la société à sa juste place car parfois investir en société impressionne.

Pour lui, la société est un corps juridique qui permet de se protéger des taxes et de payer un impôt sur la base d'un revenu après dépenses.

La société est un document, un contrat dont il est nécessaire de connaître les points importants afin d'investir malin. C'est ce que nous allons voir, mais avant de commencer, il est important que tu fasses la différence entre les sociétés de personnes dites transparentes et les sociétés à responsabilité limitée dites opaques. C'est ce qui va te permettre de comprendre pourquoi ton banquier aime quand tu investis avec une SCI et pourquoi il te propose des durées de crédit plus courtes en SAS.

Les SAS et SARL sont des sociétés de capitaux dites opaques et la SCI est une société de personnes dite transparente.

Une société transparente signifie que la responsabilité de la société s'étend jusqu'à celle des associés.

Pour illustrer, si tu fais faillite avec une société transparente, en tant qu'associé tu devras rembourser la dette de ta société.

C'est la même situation lorsqu'un commerçant exerce en nom propre (le boulanger par exemple). Heureusement pour eux, la loi a prévu des dispositifs pour protéger les commerçants et autres professionnels. C'est ce que l'on appelle la « protection du patrimoine personnel ». Tu as dû en entendre parler. Avec une SCI, il n'est pas possible d'avoir cette protection car par nature la SCI n'a pas un caractère professionnel.

Une société opaque a une responsabilité limitée... aux apports. En cas de faillite, tu es engagé à la hauteur de tes apports. Les apports ayant été versés au moment de la création de la société, tu n'as donc rien à devoir à personne. Sauf en cas de manquement grave ou de fraude de ta part : dans ce cas, il y a fort à parier que ta responsabilité personnelle soit engagée, mais tout ça se passe devant un juge.

Tu comprends mieux pourquoi ton banquier préfère la SCI (société transparente) à la SAS (société opaque). En SCI, la garantie s'étend jusqu'à ton patrimoine personnel, alors qu'en SAS, elle se limite aux apports en capital.

La SCI

Avec plus d'un million de SCI en France, cette société est pour ainsi dire la chouchoute des investisseurs français. La SCI est une société civile dont l'imposition a lieu, en principe, chez l'associé. Son activité est obligatoirement liée à une activité civile.

Pour investir en SCI, il faut au minimum deux associés ; il n'y a pas de maximum. La réglementation relative à sa constitution et à son fonctionnement est souple, c'est-à-dire très peu encadrée par la loi. Ce qui laisse une grande liberté dans la rédaction des statuts.

La SCI est soumise de plein droit* aux revenus fonciers (SCI à l'IR). Contrairement à ce qu'il serait facile de croire, à l'origine, la SCI n'est pas un outil d'optimisation fiscale ; il s'agit plus d'un outil d'optimisation patrimoniale. Elle rend la détention plus anonyme, organise la détention à plusieurs, facilite la transmission.

La location meublée étant au niveau fiscal une activité commerciale, en principe il n'est pas possible de faire du meublé dans une SCI à l'IR, sauf si les loyers en meublé représentent maximum 10 % du total des loyers générés en location nue.

Depuis 1990, la SCI a la possibilité d'opter pour le régime de l'IS et ainsi profiter des avantages de l'IS. Depuis 2019, l'option à l'IS peut être révoquée dans les cinq ans après la prise de l'option. La SCI à l'IS donne la possibilité aux investisseurs d'utiliser la SCI pour exercer une activité de location meublée (courte ou longue durée) et pour les investisseurs avec un fort TMI (à partir de 30 % de TMI) d'avoir une fiscalité réduite.

La SCI, et la société en général, permet de pallier l'indivision pour faciliter l'investissement à plusieurs (en couple, entre « amis »...). Elle permet aussi de préparer ou anticiper une succession, à noter qu'il est d'ailleurs possible de coupler l'investissement en société avec le démembrement des parts de la société afin de réduire encore plus les frais de succession.

Le dirigeant de la SCI est un gérant non redevable des cotisations sociales des travailleurs indépendants. Ce qui signifie que tant que le gérant ne perçoit pas de rémunération, aucune cotisation n'est due.

La SARL

La SARL est une société à responsabilité limitée ayant au minimum un associé et au maximum cent. En réalité, la SARL est une société d'une nature juridique mixte, à mi-distance des sociétés de personnes et des sociétés de capitaux car même si l'engagement des associés est limité au montant des apports en capital, les associés continuent à jouer un rôle déterminant. On parle d'*intuitu personae** fort.

Les statuts de la SARL sont prévus par les textes de loi. Ce qui signifie que tu n'as pas trop de liberté au moment de leur rédaction, même si depuis 2010 cela s'assouplit. Par exemple : avant, la loi imposait que le gérant ait moins de soixante-cinq ans. Aujourd'hui, ce n'est plus le cas.

En SARL, il n'y a pas de capital minimum obligatoire.

En principe, la SARL paie elle-même ses impôts, elle est donc soumise à l'IS de plein droit*.

Cependant, pour les personnes ayant un lien de parenté, il est possible d'imposer les bénéfices de la SARL avec ses revenus personnels ; on parle alors de SARL de famille.

L'avantage de la SARL de famille est qu'il est possible de faire de la location meublée en investissant à plusieurs, tout en conservant les avantages de l'imposition en nom propre (notamment l'absence de dividendes et l'exonération de la plus-value immobilière).

Attention, il ne sera pas possible de faire une autre activité qu'une activité commerciale, au risque que le fisc demande une imposition à l'IS. Je pense notamment aux placements financiers que tu peux faire avec les revenus locatifs ou encore si tu loues un bien en nu au travers d'une SARL de famille.

Lorsque la SARL est soumise à l'IS, si tu veux récupérer la trésorerie de la société, il te faudra te verser des dividendes. Les dividendes seront imposés sur tes revenus personnels à l'IR (catégorie revenus mobiliers).

Toutefois, en SARL, les dividendes supérieurs à 10 % du capital social sont soumis à cotisation sociale. Cette nouvelle taxation des dividendes aux cotisations sociales est récente. L'État trouve toujours des moyens pour taxer encore plus, il est insatiable. Ce qui signifie qu'en SARL, le montant du capital de départ devra être étudié afin de satisfaire les besoins de distribution.

Le dirigeant de la SARL est un gérant redevable des cotisations sociales des travailleurs indépendants, donc contrairement à la SCI, la société devra payer une cotisation sociale d'au minimum 1 200 €/1 500 € par an environ.

La SAS

C'est la dernière née des sociétés françaises, elle date de 1994. Suite à une série de délocalisations de grandes entreprises françaises dans des pays où le droit des sociétés était plus souple, la SAS a été créée pour permettre une plus grande stabilité des associés et une plus grande liberté contractuelle. Du fait de sa souplesse, de sa simplicité de fonctionnement et de sa responsabilité limitée, ma prof nous disait que la SAS est une société magique. En contrepartie de cette magie, la rédaction des statuts doit être faite intelligemment, car contrairement à la SARL encadrée par la loi, en SAS on part pratiquement d'une feuille blanche, un peu comme avec une SCI, mais les possibilités sont énormes.

La société par actions simplifiée a au minimum un associé, sans maximum. Lorsqu'elle est constituée avec un seul associé, il s'agit alors d'une SASU (société par actions simplifiée unipersonnelle).

Qu'elle soit SAS ou SASU, il n'y a pas de capital minimum.

L'imposition est obligatoirement à l'IS.

Le dirigeant de la SAS est un directeur non redevable des cotisations sociales des travailleurs indépendants. Ce qui signifie que tant que le dirigeant ne perçoit pas de salaire ou de rémunération, aucune cotisation n'est due.

Jusqu'à très récemment, lorsque la SAS devenait holding, automatiquement, le dirigeant avait l'obligation de nommer un commissaire aux comptes*. Grâce à la loi PACTE votée en avril 2019, l'obligation propre aux SAS est tombée.

Voilà une présentation assez brève, c'est un condensé de ce qui est vraiment important à savoir pour investir sereinement en immobilier locatif.

Je précise ici, qu'au moment de la signature de l'acte de prêt et surtout si tu comptes revendre le bien avant la fin du prêt immobilier, il te faudra être vigilant sur les indemnités de résiliation anticipée car les sociétés ne profitent pas obligatoirement du plafonnement de l'indemnité à 3% du capital restant dû. Ce qui au vu des sommes engagées peut être significatif.

Une fois la forme juridique choisie, l'attention devra être portée sur la rédaction des statuts.

Les points d'attention avant de signer les statuts

La création d'une société passe obligatoirement par la rédaction de statuts. Ils définissent les caractéristiques et le fonctionnement de la société.

Bien qu'il soit important d'y réfléchir au préalable, il n'est pas nécessaire de créer la société avant la signature du compromis de vente. Par contre, il faudra que ce dernier comporte une clause de substitution pour permettre à la société nouvellement créée de se substituer à l'acquéreur initial.

Voici les points qu'il te faudra absolument contrôler avant de les signer :

Les associés

- En SCI : minimum deux ; pas de maximum
- En SARL/EURL : minimum un ; maximum cent.
- En SAS/SASU : minimum un ; pas de maximum.

Pour les sociétés à associé unique, il est bon de prévoir dans les statuts quelle serait l'organisation de la société en cas de pluralité des associés. On ne sait jamais : par la suite, tu pourrais faire entrer un nouvel associé.

Prévoir la mésentente entre les associés (pas de 50/50, c'est essentiel) et même leur décès.

Si tu souhaites garder la main sur l'entrée de nouveaux associés, prévois une clause d'agrément solide. La clause d'agrément est une disposition des statuts de société qui prévoit un accord à l'unanimité ou à la majorité des associés pour accepter l'entrée d'un nouvel associé dans la société.

En principe, le bénéfice et/ou les dividendes appartiennent à chaque associé proportionnellement au capital détenu.

L'objet de la société

L'objet de la société est sa raison d'être. Il convient d'y accorder beaucoup d'attention. L'objet social définit le type d'activité que la société peut exercer. Le mieux est qu'il soit le plus large possible afin d'anticiper l'évolution de l'activité. Par exemple, un marchand de chaussures peut se mettre à vendre des sacs, ou un tabac peut se mettre à faire du relais colis. En principe, si les statuts ne prévoient pas cette activité, elle ne sera alors pas autorisée, l'exercice serait comme illégal. En tant qu'investisseur immobilier, tu peux faire de la location meublée ou nue, du placement financier et, pourquoi pas, faire avec ta première société une société holding. Si les statuts ne prévoient pas l'exercice d'activités complémentaires ou accessoires, il ne sera alors pas possible de les pratiquer.

Donc, pense à inclure dans l'objet social de ta société le fait de pouvoir faire des placements financiers, car tu peux être amené à placer tes liquidités (sauf pour les SARL à l'IR : voir le chapitre sur les SARL).

De manière générale, **sois attentif à ce que l'objet social soit le plus large possible**.

Si la société est déjà créée, il est tout à fait possible de modifier l'objet social après l'immatriculation de la société, le coût de modification n'est pas excessif.

Le siège social

Le siège social est la résidence principale de la société. Au choix des associés, la société peut être domiciliée à l'adresse des associés ou chez une société de domiciliation.

Si tu déménages régulièrement et que tu as plusieurs sociétés, la société de domiciliation peut être un bon compromis car les changements de siège social coûtent, pour chaque société, entre 300 € et 450 € de frais de formalités légales.

Aussi, au regard de la CFE, il peut être intéressant de domicilier sa société dans une ville où les impôts locaux sont faibles, je pense notamment à la ville de Paris mais il en existe d'autres.

Parfois, certains statuts omettent de donner la possibilité au gérant ou président de modifier le siège social. À chaque changement d'adresse, les associés doivent alors convoquer une assemblée extraordinaire. Par mesure de simplification et si tu souhaites accorder ce type de pouvoir au dirigeant, prévois dans les statuts qu'il puisse s'en charger.

La direction, gestion de la société

Le fonctionnement et la gestion d'une société sont confiés à un directeur lorsque la société est une SAS ou à un gérant lorsqu'il s'agit d'une SCI ou d'une SARL. On parle donc de direction pour une SAS et de gestion pour les deux autres. Cette partie des statuts concerne les pouvoirs donnés à la personne qui s'occupe de la société.

Le directeur ou le gérant n'est pas forcément associé de la société, sauf si les statuts le prévoient, il est donc important de bien définir son rôle et ses pouvoirs, surtout si la société est créée avec plusieurs associés et gérée par un seul d'entre eux.

Même si tu investis seul, au moment de la rédaction des statuts demande-toi :

- Les décisions sont-elles collégiales (prises par les associés) ou laissées à la main d'une seule personne ou les deux à la fois selon les types de décisions ?
- Quelles sont les décisions importantes et stratégiques, compte tenu de l'activité de la

société, qui devraient être soumises au contrôle des associés ?

Les apports, le capital

Les apports en capital sont des biens que les associés mettent à la disposition de la société en vue d'une exploitation commune. Ces biens peuvent être une somme d'argent, un immeuble, etc.

Certains se demandent quel est le bon montant de capital à mettre dans une société immobilière. Doit-on mettre le montant du bien ou juste une somme symbolique ? Pour les SARL, SAS, SCI, il n'y a pas de capital minimum. Il est donc possible de créer une société avec un euro seulement.

Récemment, un investisseur expliquait avoir mis le montant de son crédit immobilier dans le capital de sa SCI... C'est une très mauvaise option, car les sommes mises en capital le sont avec un caractère **définitif**.

Le capital a pour but de garantir, en cas de difficultés financières, les prestataires sur le paiement de leur facture.

Par exemple, si tu es une société et que tu souhaites payer à trente jours fin de mois chez Ikea, cette dernière, avant d'accorder un délai de paiement, va regarder le montant de ton capital social afin de voir si tu es solide financièrement. Plus les montants en jeu seront importants et plus tes comptes seront épluchés.

De plus, le capital d'une société n'a pas vocation à être restitué à l'associé, bien que cela puisse arriver :

- Au moment de la dissolution de la société (la dissolution entraîne la « mort » de la société) ;
- Lors d'une réduction de capital (= lourdeur administrative).

L'investisseur immobilier qui met dans le capital de sa société une somme importante comme le montant du bien ou du crédit immobilier se prive, à l'avenir, de pouvoir librement se reverser cette somme.

En immobilier, c'est le bien immobilier qui va servir de garantie. En conséquence, le business model de l'immobilier locatif ne nécessite pas de capital social important. Lorsque tu crées une société pour faire de l'investissement immobilier, fais-le avec un petit montant de capital, entre 1 € et 1 000 €.

Si tu fais un apport important pour l'acquisition du bien, au moment de la rédaction des statuts, mets une faible partie de cet apport en capital et le reste en compte courant d'associé. Ainsi, au fur et à mesure que la trésorerie de ta société augmente, tu pourras librement, sans imposition, sans frais, te reverser cette avance de trésorerie.

Dernière chose, il n'y a aucun intérêt pour toi à créer une société à capital variable. Le capital variable est destiné aux sociétés dont « l'actionnariat » varie souvent, exemple les SCPI. Une société avec un capital variable a l'obligation d'offrir aux associés un droit de retrait, ce qui a pour conséquence de retomber dans les travers de l'indivision : « Nul ne peut être contraint à rester dans une société à capital variable », et dans le pire des cas d'être forcé à revendre le bien.

Pour faire court

Une société est un contrat qui définit les droits et obligations des associés et du dirigeant.

La forme juridique (SCI, SARL, SAS) détermine ce qu'il est possible de faire ou pas en termes de nombre d'associés, d'activité, de régime fiscal. Elle conditionne le statut du dirigeant, la responsabilité des associés.

Dans une optique d'investissement patrimonial et bien qu'elle impose un nombre minimum de deux associés, la SCI tire son épingle du jeu de par la souplesse de ses statuts, son appréciation lors du financement bancaire et la possibilité d'opter pour le régime de l'impôt sur les sociétés. Quoi qu'il en soit, le choix du second associé reste déterminant.

La SARL et la SAS sont plutôt réservées à la professionnalisation de l'activité ou encore l'ouverture vers une activité autre que la location d'actifs immobiliers.

À la signature des statuts, sois attentif aux conditions dans lesquelles l'entrée et la sortie d'associés sont réalisées. C'est un point essentiel si tu veux contrôler qui entre dans ta société et avec qui tu veux partager tes bénéfices.

L'imposition de la revente

On vient de voir l'imposition des revenus locatifs selon le régime fiscal des revenus fonciers, des BIC (LMNP et LMP) et de l'impôt sur les sociétés (IS).

Maintenant, nous allons voir comment est imposée la revente d'un bien immobilier.

C'est important, car tout investisseur passe à un moment donné par l'arbitrage.

En immobilier, l'arbitrage est une opération de revente d'un ou plusieurs biens afin d'en acquérir de nouveaux.

Il y a plusieurs raisons d'arbitrer :

- Encaisser une plus-value latente sur un bien et ainsi récupérer du cash pour le réinvestir par exemple.
- Baisser son endettement et ainsi rassurer une banque afin qu'elle finance un projet plus ambitieux.
- Vendre un bien qui fiscalement ne permet plus de s'assurer une certaine rentabilité. C'est le cas notamment quand tu as entièrement remboursé ton prêt immobilier ou encore lorsque tu n'as plus de déficit. Au lieu de garder le bien et de payer des impôts plein pot, tu le revends.
- Réorganiser la structure juridique ou le montage de ton patrimoine dans le but de préparer une

succession qui n'avait pas forcément été planifiée auparavant ou encore mettre en place un groupe de sociétés.

Les raisons d'arbitrage sont variées et te sont propres.

Ce qui est certain, c'est que le jour de la revente, la plus-value que tu vas encaisser va être imposée différemment en fonction du régime fiscal de tes revenus locatifs.

Pour ceux qui sont aux revenus fonciers ou au LMNP, la plus-value sera imposée selon les règles du régime des particuliers.

Pour ceux qui sont au LMP et à l'IS, la plus-value sera imposée selon les règles du régime des professionnels avec des règles spécifiques pour le LMP.

Le régime des plus-values des particuliers

Que l'on soit aux revenus fonciers ou en location meublée non professionnelle, l'imposition de la plus-value est identique.

Ce régime est très apprécié par les investisseurs car il bénéficie d'abattements, de forfaits de déduction et d'exonération en fonction de la durée de détention du bien. Par chance, au LMNP, les amortissements comptables ne sont pas pris en compte pour le calcul de la plus-value.

Ce régime te permet donc de diminuer ton revenu imposable année après année grâce aux amortissements. Mais en plus, au moment de la revente, les amortissements ne sont pas ajoutés à la plus-value. C'est très avantageux.

Revente avant cinq ans

C'est très simple. Tu prends le prix de vente moins le prix d'acquisition.

Le résultat ainsi trouvé est imposé à 19 % depuis le 1er janvier 2011, auxquels il faut ajouter les prélèvements sociaux (17,2 % depuis le 1er janvier 2018).

Soit une imposition globale de 36,2 %.

- Le prix de vente est le prix net des frais de cession (ex. de frais de cession : la commission de l'agent immobilier).

- Le prix d'acquisition est constitué du prix d'achat majoré d'un forfait de 7,5 % pour tenir compte des frais d'acquisition (ex. de frais d'acquisition : les frais de notaire).
  Il est tout à fait possible de prendre en compte les frais réels au lieu du forfait.

Vérifie le décompte du notaire, il arrive parfois qu'ils oublient le forfait pour frais d'acquisition ou ne regardent pas quelle option est plus avantageuse.

- Quand le régime fiscal est au réel, le prix d'acquisition peut être majoré des dépenses de travaux de construction, reconstruction, agrandissement et amélioration.
  En principe, seuls les travaux réalisés par un professionnel pourront être pris en compte.

Exemple de calcul de la plus-value :
Jean revend, après quatre ans, 100 000 € un bien acheté 80 000 €. Lors de son achat, Jean a payé 7 000 € de frais de notaire. En quatre ans, il a déduit 12 960 € d'amortissement.

La plus-value est de :
Au réel : 100 000 - 80 000 - 7 000 = 13 000
Au forfait : 100 000 - 80 000 - (80 000 x 7,5 %) = 14 000

Selon l'option choisie, la base imposable pour l'impôt sur la plus-value sera de 13 000 € ou 14 000 €, qui seront soumis à une imposition globale de 36,2 % (taux au 1er janvier 2018).

Revente après cinq ans

Après cinq ans, tu peux bénéficier d'un forfait de dépenses travaux de 15 % du prix d'achat, et ce sans aucun justificatif, même si les travaux n'ont pas été réalisés. Tu as donc intérêt à demander l'application du forfait dans tous les cas où tu ne peux pas justifier de dépenses supérieures à 15 % du prix d'acquisition.

Également à partir de cinq ans, tu bénéficies d'abattements qui te permettent d'exonérer d'impôt une partie de ta plus-value, voire la totalité après trente ans de détention.

Voici ci-dessous les taux d'abattement applicables à chaque année de détention du bien :

Durée de détention	Taux d'abattement applicable chaque année de détention	
	Assiette pour l'impôt sur le revenu	Assiette pour les prélèvements sociaux
Moins de 6 ans	0 %	0 %
De la 6e à la 21e année	6 %	1,65 %
22e année révolue	4 %	1,6 %
Au delà de la 22e année	Exonération	9 %
Au delà de la 30e année	Exonération	Exonération

Exemple d'une revente après sept ans de détention.
Prix d'acquisition : 80 000 €.
Prix de vente : 100 000 €.
Frais de notaire : 7 000 €.
Montant des travaux : 10 000 €.

L'abattement après sept ans de détention est de 12 % (6 % + 6 %) pour l'impôt et de 3,3 % (1,65 % + 1,65 %) au titre des prélèvements sociaux.

1- Montant de la plus-value :

- *Calcul avec les travaux au réel :*

100 000 - 80 000 - 7 000 - 10 000 = 3 000

- *Calcul avec les travaux au forfait :*

100 000 - 80 000 - 7 000 - 12 000 = 1 000

2- Montant de l'impôt sur la plus-value :

- *Calcul avec les travaux au réel :*

3 000 (- 12 %) x 19 % = 502
3 000 (- 3,3 %) x 17,2 % = 499
Total : 502 + 499 = 1 001 € d'impôts à payer.

- *Calcul avec les travaux au forfait :*

1 000 (- 12 %) x 19 % = 167
1 000 (- 3,3 %) x 17,2 % = 166
Total : 167 + 166 = 334 € d'impôts à payer.

Dans cet exemple, il est plus avantageux d'opter pour le forfait travaux de 15 % au lieu des dépenses réelles.

Au régime des particuliers, les moins-values sont perdues, il n'est pas possible de les déduire d'un quelconque revenu.

Premier arbitrage, comment payer 0 € d'impôt sur la plus-value

La **première fois** que tu revends un bien autre que ta résidence principale, la plus-value est exonérée d'impôt à la double condition que :

- Tu n'as pas été propriétaire de ta résidence principale ces quatre dernières années.

- Tu réemploies le prix de cession pour acheter dans les deux ans ta résidence principale (en France ou dans l'Union européenne). Le prix de cession étant le prix de vente du bien.

Pour bénéficier de cette exonération, il est nécessaire que cela soit **indiqué dans l'acte de vente** notarié. Dans le BOFiP (BOI-RFPI-PVI-10-40-30), il est même précisé : *« En l'absence de demande expresse du cédant, la plus-value immobilière est imposable dans les conditions de droit commun. »*

Ce qui me rappelle l'histoire d'un investisseur : le notaire ne l'avait pas informé de la possibilité d'exonération de la première vente bien qu'il remplisse les conditions. Je n'ai aucune idée des raisons qui ont fait que le conseil n'a pas été donné, mais si j'avais un conseil à te donner maintenant : fais bien une demande expresse à ton notaire afin qu'il indique dans l'acte les éléments essentiels pour bénéficier de cette exonération.

L'exonération peut être totale ou partielle : elle porte sur la partie du prix de cession qui sera utilisée pour l'achat de ta résidence principale. Il sera donc nécessaire d'évaluer le montant destiné à l'acquisition ou la construction de celle-ci.

Exemple :

Un logement est cédé pour un prix de 300 000 €, cession dont il résulte une plus-value de 120 000 €. Le vendeur destine un montant de 180 000 € à l'acquisition de sa résidence principale, soit 60 % du prix de cession au remploi [(180 000 x 100) / 300 000].

La fraction de la plus-value de cession exonérée est égale à 60 % de 120 000 €, soit 72 000 €
[(120 000 x 60) / 100].

La plus-value imposable dans les conditions de droit commun est donc de 48 000 € (120 000 - 72 000).

À l'expiration du délai de deux ans à compter de la cession, tu dois être en mesure de justifier du remploi affecté à ta résidence principale, pour un montant équivalent à la fraction du prix de cession qui a bénéficié d'une exonération. À défaut, une régularisation doit être opérée, qu'elle soit ou pas en ta faveur.

La plus-value du loueur meublé professionnel

Les plus-values des loueurs professionnels bénéficient d'exonération, à condition que l'activité soit exercée depuis au moins cinq ans, et si les recettes des deux dernières années sont inférieures à 90 000 € (exonération totale) ou inférieures à 126 000 € (exonération partielle).

Si l'une de ces conditions n'est pas satisfaite, la plus-value sera soumise au régime des plus ou moins-values professionnelles à court et moyen terme. Si tu veux plus de détails sur ce régime, je t'invite à regarder cet extrait de vidéo : http://bit.ly/plus-value-pro-LMP.

Si, pendant la durée de détention de ton bien immobilier, tu as été au régime du LMNP puis au LMP, la plus-value de cession est imposée selon le régime que tu as au moment de la revente. Toutefois, bien que la plus-value soit exonérée, elle sera, comme tous les revenus du loueur meublé professionnel, soumise aux cotisations sociales.

L'imposition des plus-values à l'IS

À l'IS, les plus-values sont traitées fiscalement comme un résultat ordinaire. C'est-à-dire qu'elles viennent s'ajouter au bénéfice comptable (et fiscal) de l'année. La moins-value, quant à elle, va venir diminuer le bénéfice imposable.

Bien souvent, les investisseurs sont réticents à opter pour l'impôt sur les sociétés à cause du calcul de la plus-value. Les amortissements, qui ont jusqu'à présent diminué le bénéfice imposable, sont repris, c'est-à-dire ajoutés au montant de la plus-value brute. Du reste, il n'y a pas d'exonération pour durée de détention.

Prenons l'exemple de Jean :

Jean revend, après quatre ans, 100 000 € un bien acheté 80 000 € via une SCI à l'IS. Lors de son achat, Jean a payé 7 000 € de frais de notaire. En quatre ans, il a déduit 12 960 € d'amortissement.

Cette année, la SCI de Jean a reçu 10 000 € de loyers et payé 6 000 € de charges.

1- Montant de la plus-value :

100 000 - 80 000 - 7 000 + 12 960 = 25 960

2- Montant de l'impôt sur la plus-value :

10 000 (loyers) + 25 960 (plus-value) - 6 000 (charges) = 29 960

Soit 29 960 € qui vont être imposés à 15 % ou 28 % selon le taux d'imposition de la SCI et de son bénéfice tiré de la location immobilière.

IS 15 % = 4 494 € IS 28 % = 8 389 €

Cependant, grâce au taux réduit de l'IS qui permet de placer ou de réinvestir, pendant la détention, des revenus faiblement fiscalisés (voir le chapitre sur les dividendes), l'IS peut rester intéressant par rapport à une imposition en nom propre.

Exemple :

Un investisseur a le choix entre le régime fiscal du LMNP et le régime de l'IS pour un bien immobilier acheté 100 000 € et revendu dix ans plus tard 140 000 €. Son TMI est de 30 %. Il est financé à 110 % par emprunt bancaire.

Chaque année, la base imposable est de 3 000 €

(loyers : 10 000 € ; charges : 3 500 € ; amortissement : 3 500 €)

Par souci de simplification, dans l'exemple, le montant de l'amortissement correspond au remboursement du capital dû à la banque (voir le chapitre Parier sur l'avenir*). Ainsi, chaque année, le résultat comptable = le solde de trésorerie.*

Pendant la détention	**à l'IS 15%**	**Au LMNP - TMI 30%**
Base imposable	*3 000 €*	*3 000 €*
Impôts	*450 € (15%)*	*1 416€ (47,2%)*
Pendant la détention	**à l'IS 15%**	**Au LMNP - TMI 30%**

Résultat Comptable après impôts	*2 550 €*	*1 584 €*
Total après 10 ans (×10)	*25 500 €*	*15 840€*

En conservant la trésorerie dans la société, après dix ans, l'investisseur dégage 25 500 € au lieu de 15 840 € au LMNP.

Voyons comment est taxée la revente puis le résultat après 10 ans de détention :

à la revente	**à l'IS 15%**	**Au LMNP - TMI 30%**
Prix de vente	*140 000 €*	*140 000 €*
- Prix d'achat	*- 100 000 €*	*- 100 000 €*
+ Amortissements	*+ 35 000 €*	*0 €*
- Forfait travaux 15%	*0 €*	*- 15 000€*
Montant de la + value	*= 75 000 €*	*= 25 000€*
Imposition de la + value	*16 044€*	*7 270 €*

- *Calcul de l'imposition à l'IS :*

75 000 € dont 38 120 € imposés à 15 %, le reste à 28 %

38 120 x 15 % = 5 718 € ; (75 000 - 38 120) x 28 % = 10 326 € ; 5 718 + 10 326 = 16 044 €

- *Calcul de l'imposition au LMNP :*

Au régime des particuliers, les plus-values immobilières bénéficient d'abattement pour durée de détention. Soit pour l'exemple, un abattement de 30 % pour l'impôt et de 8,25 % pour les prélèvements sociaux

(25 000 € - 30 %) x 19 % = 3 325 € ; (25 000 € - 8,25 %) x 17,2 % = 3 945 € ; 3 325 + 3 945 = 7 270 €

Au bout de 10 ans	**à l'IS 15%**	**Au LMNP - TMI 30%**
Résultat Comptable après impôts	*25 500 €*	*15 840 €*
Montant de la + value	*40 000 €*	*40 000 €*
Imposition de la + value	*16 044 €*	*7 270 €*
Total Trésorerie	*49 456 €*	*48 569 €*

Dans cet exemple simplifié, on constate qu'après dix ans, et ce malgré l'imposition de la plus-value, le régime de l'IS est le régime permettant d'accumuler le plus de capital. Par ailleurs, pendant ces dix années, notre investisseur a pu utiliser sa trésorerie pour investir dans de nouveaux projets et ainsi accumuler encore plus de profit que celui qui apparaît ici.

C'est pourquoi l'IS permet de s'enrichir plus rapidement.

Je précise qu'à l'IS, les 49 456 € appartiennent à la société, qui pourra les utiliser conformément à son objet social, et que les 48 569 € sont à l'entière disposition de l'investisseur qui peut les utiliser comme bon lui semble (vacances, achat d'une résidence principale, investissement locatif...).

Le choix IR, IS ou finalement le choix de la meilleure option fiscale repose sur une prise en compte de l'ensemble de l'opération et ne peut se baser uniquement sur une variable fiscale. Ce serait comme utiliser une méthode de questionnement global, par exemple la méthode **QQOQCCP**[11], et faire reposer sa décision d'investissement uniquement sur le taux d'imposition, qui ne serait alors qu'une réponse partielle à la question du combien.

Pour répondre à la question du combien, tu peux t'aider de la méthode pas à pas pour calculer l'impôt sur les revenus locatifs.

---

[11] **QQOQCCP**, pour « Qui ? Quoi ? Où ? Quand ? Comment ? Combien ? Pourquoi ?

Pour Faire Court

Au niveau de la revente, sans nul doute, le régime des particuliers est le plus séduisant, car il est possible, à partir de la cinquième année de détention, de profiter de plusieurs dispositifs avantageux, comme l'abattement pour durée de détention ou encore le forfait travaux.

L'État a même prévu des mesures en faveur des vendeurs n'ayant pas encore acquis leur résidence principale.

À cela s'ajoute l'effet cerise sur le gâteau pour les loueurs LMNP grâce à la non-prise en compte des amortissements dans le calcul de la plus-value, ou encore, la possibilité d'exonération totale des plus-values des loueurs professionnels.

L'IS, quant à lui, va se démarquer de par son taux d'imposition plus faible que celui des particuliers, mais cet avantage est contrecarré par une plus-value majorée des amortissements déjà pratiqués et une trésorerie indisponible pour les besoins personnels de l'investisseur sauf en cas de versement de dividendes. Ce qui sous-entend une imposition supplémentaire.

Calculer Pas À Pas L'impôt Sur Le Revenu Locatif

"La grosse fortune ne vient jamais uniquement à la suite d'un dur labeur. Elle vient en réponse à des demandes précises basées sur l'application de lois. Et non par chance et hasard."

Napoléon Hill

On vient de voir tout un tas de connaissances sur la fiscalité immobilière :

Si tu fais du nu, tu as le choix entre les revenus fonciers et l'IS. Pour le meublé, tu as le choix entre les régimes BIC, LMP/ LMNP et l'IS.

Être imposé sur un bénéfice au lieu d'un revenu accélère l'enrichissement.

Maintenant, voici 7 clés essentielles à retenir :

1. Le TMI est le premier indicateur d'imposition mais il faut prendre en compte son évolution (saut de tranche, composition du foyer et des revenus).

2. Le BOFIP est une base documentaire fiable publiée par la Direction Générale des Finances Publiques. Le site en ligne permet un accès gratuit à toute la réglementation fiscale en vigueur.
3. Le déficit comptable n'est pas forcément un déficit réel. En fiscalité des particuliers et en fonction du régime fiscal choisi, il sera possible ou pas d'imputer le déficit sur le revenu global.
4. Les régimes micro sont des impôts forfaitaires basés sur les loyers encaissés, ils ne permettent pas la déduction réelle des charges ou des travaux. Pour une même activité, ils ne peuvent pas être utilisés en parallèle avec le régime au réel.
5. L'amortissement comptable permet, les premières années, d'avoir zéro euro d'impôt à payer. Il n'est autorisé et obligatoire que pour les régimes LMNP/LMP au réel ainsi que pour l'IS.
6. La société peut faciliter l'organisation de la co-détention. Malgré une double imposition des bénéfices et l'imposition de la plus-value, le montage société à l'IS peut rester fiscalement avantageux.
7. Une société n'est ni plus ni moins qu'un dossier, contenant des documents juridiques, qui donne, aux associés, des droits et des obligations (droit de vote, droit à l'information, droit aux bénéfices, obligation de contribuer aux pertes pour les sociétés à responsabilité illimitée). Ce qui différencie une société d'une autre est principalement la responsabilité, le régime fiscal, l'activité possible et la direction de la société. Il est important de maîtriser l'entrée et la sortie

des associés ainsi que d'anticiper la mésentente entre eux.

La question que se posent alors les investisseurs : « Quel est le régime le plus adapté ? »

Cela me rappelle mes cours d'économie : dans la première moitié du XXe siècle, beaucoup de penseurs américains étaient persuadés que pour toute activité il existait une façon optimale de l'exécuter, **et une seule**. Alors, ils ont cherché, cherché encore ce qu'ils appelaient le « *One Best Way* » : la meilleure méthode.

Leur conclusion : le « *One Best Way* » n'existe pas.

En effet, des méthodes d'organisation pouvaient bien marcher dans certaines entreprises, mais appliquées à d'autres, elles ne fonctionnaient pas.

Leur seconde conclusion : si le « *One Best Way* » existe, il est propre à chaque entreprise.

Le régime fiscal le mieux adapté t'est propre. Il est fonction de ton profil (certains préfèrent la simplicité du nom propre, d'autres la stabilité de l'IS), de ton projet (un deux-pièces meublé doit trouver son locataire).

Une bonne optimisation fiscale passe par l'anticipation. En effet, la fiscalité et le juridique ont leurs règles propres, qui induisent le respect de délais, de seuils de chiffre d'affaires à ne pas dépasser, etc.

L'idée ici est que tu puisses, à partir d'une annonce, d'une visite, calculer l'impôt prévisionnel le plus simplement possible.

Pour cela, je te propose une démarche simple et globale que j'ai appelé la méthode RAI pour rentabilité après impôts.

Pour que tu puisses choisir au mieux le régime fiscal qui te convient, il est important d'en définir le coût financier. On va voir comment tu peux calculer la rentabilité après impôts, et ce quel que soit le régime fiscal.

Cette méthode va te permettre de :

- Gagner en **autonomie** : rappelle-toi, tu es le maître à bord ;
- Plus facilement **t'orienter** dans tes choix en matière de fiscalité immobilière ;
- **Accélérer** la cadence de tes investissements en réduisant tes impôts et en investissant l'économie réalisée.

Etape 1 Calculer son TMI

Dans un premier temps, il va te falloir connaître ton TMI, c'est à partir de lui que tu peux t'orienter. En effet, pour les investisseurs qui ont un TMI de 14 %, il ne sert à rien de tergiverser, les régimes fiscaux des particuliers seront **pour commencer** toujours plus avantageux fiscalement parlant (bien anticiper les écarts de tranches). Pour calculer ton TMI, prends ta dernière feuille d'imposition et note le montant de ton revenu fiscal de référence ainsi que le nombre de parts que contient ton foyer fiscal.

Le revenu de référence se situe sur la première page de l'avis d'imposition (voir le chapitre *Comment est calculé l'impôt*).

Le nombre de parts du foyer fiscal se situe en bas à droite de la deuxième page, celle avec le détail des revenus par déclarant.

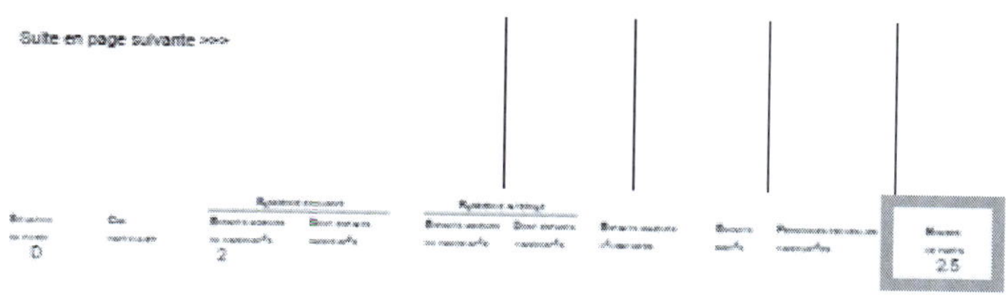

Avec ces deux données, tu vas pouvoir calculer un revenu moyen par part.

Ensuite, pour trouver le TMI, il va falloir le comparer au barème de l'impôt sur le revenu de l'année en cours.

Exemple :

Un couple marié dispose d'un revenu net imposable de 66 000 € pour deux parts.

66 000 € / 2 parts = 33 000 €

Le revenu moyen par part est de 33 000 €.

Barème de l'année 2019 :

Fraction de revenu net imposable	Taux d'imposition
Jusqu'à 9 963 €	0%
De 9 964 € à 27 518 €	14%
De 27 519 € à 73 778 €	30%
De 73 779 € à 156 343 €	41%
Plus de 156 244 €	45%

La somme de 33 000 € se situe dans la tranche d'imposition à 30 %.

Le TMI du couple est donc de 30 %. Ce qui signifie que tout revenu supplémentaire sera taxé à 30 %.

Etape 2 : Calculer les écarts de tranche

Maintenant que tu connais ton taux marginal d'imposition et pour éviter les mauvaises surprises, il est important de calculer l'écart de revenu supplémentaire avant le prochain changement de tranche.

En effet, ton TMI peut être à 30 % ; cependant, tu peux être très proche de la tranche à 41 %. Ce qui aura pour conséquence qu'une partie de tes revenus locatifs sera taxée à 30 % et une autre à 41 %.

Or l'objectif ici est de partir du bon pied en prenant les bonnes décisions.

Pour cela il te suffit de 1) calculer l'écart entre ton revenu moyen par part et le plafond de la tranche dans laquelle tu te situes aujourd'hui ; 2) multiplier cet écart par le nombre de parts. Le total te donne l'écart de revenu avant la prochaine tranche.

Exemple :

Combien de revenus supplémentaires taxés à 30 % le couple peut-il générer avant de passer à la tranche supérieure à 41 % ?

Le couple a un revenu moyen par part de 33 000 €. D'après le barème de 2019, le plafond de la tranche à 30 % est 73 778 €, soit :

73 778 € - 33 000 € = 40 778 €

puis

40 778 € x 2 parts = 81 556 €

L'écart avant le passage à la tranche supérieure à 41 % est de 40 778 € par part, soit pour le foyer fiscal 81 556 €.

Étape 3 : calculer le revenu ou bénéfice imposable

Arrivé ici, tu as ton TMI et l'écart avant la prochaine tranche.

Maintenant, il va falloir calculer la base imposable de tes futurs revenus locatifs.

C'est là où il va te falloir bien connaître le marché locatif de l'endroit où tu vas investir, car dans le domaine des chiffres et de la prévision, la précision paie.

Il est nécessaire de connaître le plus précisément possible, en affinant au fil des visites et récupérations d'informations :

- **Les loyers attendus**. Les loyers attendus sont les loyers, vacance incluse. En effet, il est préférable de partir sur une estimation à la baisse des loyers et avoir une bonne surprise à la fin de l'année qu'inversement.

- **Les intérêts d'emprunt** ainsi que la mensualité globale si tu veux par la suite calculer ta trésorerie. Pour rappel, seuls les intérêts d'emprunts peuvent être déduits du revenu locatif.

- **Les charges de l'immeuble**. Tu peux partir sur une base de 15 % des loyers annuels, c'est le taux utilisé par les professionnels. Si en collectant les données sur les charges immeuble, tu t'aperçois qu'elles sont plus élevées que 15 %, vérifie quel type de dépenses engendre un montant de charges immeuble plus élevé que les chiffres du secteur d'activité. Si c'est significatif, ce peut être un levier de négociation ou encore l'opportunité, en « réparant la fuite » d'être plus rentable que ton prédécesseur.

Les charges immeuble sont les charges, avec l'entretien et les réparations courantes (exemple : changement de robinet).

- **Les frais de gestion**. Est-ce que tu comptes faire appel à un gestionnaire locatif, un expert-comptable ou utiliser une plateforme de mise en location ? Liste tous tes frais... Aux revenus fonciers, les frais de gestion vont être limités à de la gestion courante. Il ne sera pas possible d'ajouter d'autres frais de gestion, tels que les frais de déplacement ou de publication d'annonce. Si tu as un doute sur la déductibilité d'une charge, consulte sur internet le BOFiP n° : BOI-RFPI-BASE-20.

- **La taxe foncière** et les autres impôts (CFE, taxes parking pour Paris, taxe de séjour). Pour la taxe foncière, en attendant d'avoir un montant précis, tu peux partir sur un mois de loyer. Toutefois, demande toujours un montant précis et vérifiable ; selon les villes, les quartiers, les variations de taxe foncière sont non linéaires. Si tu fais l'acquisition d'un immeuble, tu auras peut-être de la taxe de balayage à payer, renseigne-toi.

- **Les travaux**. Distingue les travaux de réfection-rénovation des travaux de construction, reconstruction, agrandissement, car en fonction du régime fiscal ils seront déductibles différemment :
    - Aux revenus fonciers, les *travaux de construction, reconstruction, agrandissement* ne sont pas déductibles, tout comme l'acquisition du bien. Il s'agit des travaux qui modifient la structure ou la destination du bien immobilier.

    - Aux revenus fonciers, les *travaux de réfection* ouvrent droit au déficit foncier, c'est-à-dire que la base imposable tient compte de ces travaux. Le déficit foncier est une super opportunité de réduire les impôts que tu paies déjà.

    - Alors qu'aux BIC ou à l'IS, quel que soit le type de travaux, s'ils représentent plus de 1 % de la valeur du bien, ils sont déductibles au fur et à mesure des amortissements.
      L'amortissement se calcule sur la base du prix d'achat du bien ou du prix d'acquisition selon l'option choisie (voir la partie *l'expert-comptable préfère le droit comptable*) minorée de la quote-part de terrain (de 15 % à 45 % du bien) et majorée des travaux et/ou meubles ayant permis la première mise en location du

bien. Tu peux partir sur la base annuelle d'amortissement de 3 % à 4 % de cette valeur.

Etape 4- Calculer l'impôt

Une fois la base imposable calculée, il te reste à appliquer le taux d'imposition propre au régime fiscal étudié :

- Le revenu foncier imposable est soumis :
    - Une première fois au TMI. Pense à tenir compte d'un éventuel changement de tranche.
    - Puis il est imposé une nouvelle fois aux prélèvements sociaux (selon le taux en vigueur : 17,2 % au 1er janvier 2018). Les prélèvements sociaux sont à payer en même temps que l'impôt sur le revenu.

- LMNP/LMP : la base imposable comprend, en plus des charges courantes déductibles des revenus fonciers, les amortissements, la CFE, les frais d'adhésion à un CGA. Le bénéfice ainsi calculé est taxé :
    - Une première fois au TMI (tiens compte d'un éventuel changement de tranche).
    - Puis une seconde fois aux prélèvements sociaux.
- IS : le bénéfice se calcule de la même manière que pour le LMNP, minoré des frais de CGA qui

concernent uniquement les loueurs meublés en nom propre. Lorsque le bien est construit depuis plus de quinze ans, la société devra payer la contribution sur le revenu locatif.

Le taux d'IS de droit commun est de 28 % au 1er janvier 2019. Cependant, il existe un taux réduit de 15 %.

Liste des charges	Revenus fonciers	LMNP	IS
• Loyers attendus	✓	✓	✓
• Charges immeuble	✓	✓	✓
• Assurance PNO (1,5% des loyers)	✓	✓	✓
• Taxe foncière	✓	✓	✓
• Frais de gestion (locative, comptable)	✓	✓	✓
• Intérêts d'emprunt	✓	✓	✓
• Amortissements		✓	✓
• CFE		✓	✓
• Frais de CGA		✓	✗
• CRL (2,5% des loyers)			✓
	-Travaux de rénovation **= Total RF imposable** **1- Imposé au TMI (IRPP) :** = RF imposable x TMI + **2- Imposé aux prélèvements sociaux :** = RF imposable x Taux prélèvement sociaux (17,2% au 1er janvier 2018)	**= Total LMNP imposable** **1- Imposé au TMI (IRPP) :** = LMNP imposable x TMI + **2- Imposé aux prélèvements sociaux :** = LMNP imposable x Taux prélèvement sociaux	**= Total base imposable** **1- Imposé à l'IS 15%) :** = Base imposable x 15 % +Imposition à la CRL : Loyers encaissés x 2,5%

Exemple :

Samuel envisage d'acheter un appartement à Pantin. Il remarque une annonce pour un bien avec travaux vendu 139 000 € FAI (frais d'agence inclus).

Il s'agit d'un appartement d'une pièce de 27 m² nécessitant des travaux de remise en état pour 18 000 €. L'immeuble date des années quatre-vingt. Le loyer prévisionnel en nu est de 700 €. Pour le louer en meublé au prix de 860 € par mois, Samuel devra débourser 4 200 € pour l'acquisition de meubles.

Sa banque le finance à 110 % pour cet investissement. Ce qui représente, par an, pour un investissement en nu 2 816 € d'intérêts et avec le financement des meubles 2 892 € d'intérêts d'emprunt.

Samuel a un TMI de 30 %, il lui reste une marge de plus de 30 000 € avant de changer à la hausse ou à la baisse de tranche d'imposition, cet investissement ne modifie donc pas son TMI. Il se demande quelle serait l'imposition en nu, en meublé et à l'IS.

1 Calculer la base imposable selon l'activité

Les chiffres sont pour une année complète :

	Type de location	
	Loyer : 700 €	Loyer : 860€
	Nue	Meublée
Loyers charges comprises	8 400,00	10 320,00
Vacance	700,00	860,00
= Loyers nets	**7 700,00**	**9 460,00**
Total produits	**7 700,00**	**9 460,00**
Frais de gestion :		
Gestion locative	616,00	946,00
Frais de comptabilité	300,00	300,00
Assurance PNO (1,5% des loyers)	115,50	141,90
Intérets emprunt immobilier	2 816,96	2 892,74
Charges immeubles (15% des loyers)	1 155,00	1 419,00
Taxe Foncière	700,00	700,00
Entretien courant	0	0
Charges déductibles LMNP/LMP/IS		200
CFE		100
Charges fictives (amortissements)		5 200,88
CRL		
Total charges	**5 703,46**	**11 900,51**

Si la société est imposée à l'IS, elle paiera de la CRL pour 193€ en nu et 237€ en meublé.

Les charges déductibles en LMNP/LMP/IS représentent essentiellement des frais de déplacement. Aussi, l'amortissement (4%) est calculé sur la base de 130 022 € (prix d'achat - quote-part terrain de 25%). + frais d'acquisition + travaux + meubles

A l'IS, si Samuel fait du meublé, l'amortissement sera calculé sur la même base alors qu'en nu, elle sera minorée des meubles, soit 4% de 126 872 €.

2 Calculer l'impôt à payer selon le régime fiscal

- ***Imposition au micro foncier***

Montant des loyers encaissés : 7 700 €

Montant forfaitaire de l'abattement pour charges : 30 %

MICRO FONCIER	
Loyers	7 700,00
Abattement	30%
Revenus fonciers imposables	5 390,00
TMI	30%
Montant IRPP	1 617,09
Montant prélèvements Sociaux	927,08
Total impôts	2 544,17

Montant de l'imposition : 2 544 €

- ***Imposition au micro LMNP***

Montant des loyers encaissés : 9 460 €

Montant forfaitaire de l'abattement pour charges : 50 %

MICRO BIC LMNP	
Loyers	9 460,00
Abattement	50%
Bénéfice LMNP imposable	4 730,00
TMI	30%
Montant IRPP	1 419,15
Montant prélèvements Sociaux	813,56
Total impôts	2 232,71

Montant de l'imposition : 2232€

- ***Imposition au réel -revenus fonciers***

Le total des loyers est de 7 700 € auxquels on soustrait les charges réelles pour 5 703€.

Les travaux de remise en état du logement de 18 000€ viennent s'ajouter aux charges. Le déficit foncier ainsi constaté s'élève à 16 003€.

Ce déficit foncier va permettre à Samuel de réduire les impôts qu'il paie déjà à hauteur de 4 801€. Une partie sera déduite la première année, à hauteur du plafond de déficit imputable : 10 700€, l'autre partie sera imputable sur l'année suivante avec la même limitation.

Imposition aux Revenus Fonciers	
Total produits	7 700,00
Total charges aux revenus fonciers	5 703,46
Revenus fonciers avant travaux déductibles	1 996,54
Travaux déductibles	18 000,00
Revenus fonciers imposables	0,00
Déficit foncier imputable	-16 003,46
TMI	30%
Montant IRPP	-4 801,00
Montant prélèvements sociaux	0,00
Total impôts	-4 801,00

En prévision et toutes choses égales par ailleurs, à partir de l'année 3, Samuel paiera un impôt sur la base d'un revenu imposable de 1 997€.

1 997 × 30% + 1 997 ×17,2% = 942€

- ***Imposition au Réel LMNP***

Avec l'amortissement comptable, la CFE et les autres charges déductibles, le montant total des charges s'élève à 11 900€. Avec des loyers annuels prévisionnels de 9 460€, l'activité génère un déficit reportable sur dix ans de 2 640€.

Pendant les premières années de location, Samuel ne paiera aucun impôt sur ses revenus locatifs.

Imposition au LMNP	
Total produits	9 460,00
Total charges	11 900,51
Frais adhésion CGA	200,00
Bénéfice LMNP imposable	0
Déficit LMNP reportable	-2 640,51
TMI	30%
Montant IRPP	0
Montant prélevements sociaux	0
Total impôts	0,00
Total réduction d'impôts	133,00

S'il décide de faire appel à un Centre de gestion agréé, dans notre exemple, Samuel pourra bénéficier d'une réduction d'impôt de 133€ (200€ × $^2/_3$). La réduction *viendra en diminution des impôts à payer par le foyer fiscal.*

- ***Location nue imposée à l'IS***

A l'IS, l'amortissement du bien immobilier est obligatoire quelle que soit l'activité.

En location nue à l'IS, le total des charges est de 11 071€ (dont 5 074€ d'amortissement et 1 000 € de frais de comptabilité auquel s'ajoute la CRL pour 193 €).

Pendant les premières années de location, le bien génère un déficit de 4 271€ reportable sans condition de délai sur les bénéfices des années suivantes. Il n'y aura donc pas d'IS à payer.

Imposition à l'IS	
Total produits	7 700,00
Total charges	11 778,34
CRL	193,00
Bénéfice IS imposable	0
Déficit IS reportable	-4 271,34
Montant IS à 15 %	0
Total impôts	193,00

- ***Location meublée imposée à l'IS***

En location meublée à l'IS, le total des charges est de 12 837 € (dont 5 200 € d'amortissement et 1 000 € de frais de comptabilité auxquels s'ajoute la CRL pour 237 €).

Pendant les premières années de location, le bien génère un déficit de 3 378 € reportable sans condition de délai sur les bénéfices des années suivantes.

Imposition à l'IS	
Total produits	9 460,00
Total charges	12 600,51
CRL	237,00
Bénéfice IS imposable	0
Déficit IS reportable	-3 377,51
Montant IS à 15 %	0
Total impôts	237,00

Récapitulatif

Imposition en location nue

- *Au micro foncier, Samuel paie un impôt sur la base de 70 % des loyers. Chaque année, l'impôt à payer sur les revenus locatifs s'élève à plus de 2 500 €.*
- *Les revenus fonciers créent un déficit pendant les deux premières années, permettant de réduire les impôts payés par Samuel de plus de 4 800 €. Toutes choses égales par ailleurs, à partir de la troisième année, Samuel devra payer un impôt sur la base d'un revenu locatif de 1 997 €, soit environ 900 € d'impôt par an.*

- *L'IS crée un déficit pendant les premières années d'amortissement. Le déficit viendra en diminution des bénéfices ultérieurement dégagés. L'immeuble ayant plus de quinze ans, seule la CRL devra être payée pour 193 €.*

Imposition en location meublée

- *Au micro BIC, Samuel paie un impôt sur la base de 50 % des loyers. Chaque année, l'impôt à payer sur les revenus locatifs s'élève à 2 200 €.*
- *Le LMNP crée un déficit pendant les premières années d'amortissement. Le déficit viendra en diminution des bénéfices des dix prochaines années. Il n'y a donc pas d'impôt à payer.*
- *L'IS crée un déficit pendant les premières années d'amortissement. Le déficit viendra en diminution des bénéfices ultérieurement dégagés. L'immeuble ayant plus de quinze ans, seule la CRL devra être payée pour 237 €.*

Avant de prendre ta décision, il te faudra anticiper l'évolution de ton TMI. C'est-à-dire : est-ce que des enfants vont entrer ou sortir du foyer fiscal, est-ce que tu prévois des augmentations de salaire conséquentes ?

Sur mon site internet, j'offre un super calculateur qui te permettra facilement et rapidement de calculer la rentabilité après impôt d'un bien immobilier en prenant en compte toutes ces caractéristiques long terme et court terme ainsi que celles du patrimoine que tu possèdes déjà. Le super calculateur est accompagné d'une méthode infaillible pour établir une stratégie d'acquisition.

Pour ceux qui souhaitent enchaîner l'acquisition de plusieurs biens, il est nécessaire de se questionner sur le projet dans sa globalité ainsi que l'objectif final à atteindre. En ayant une vision court terme et long terme, il te sera plus facile d'obtenir de meilleurs conseils mais aussi de choisir toi-même la fiscalité qui te convient : tu es le ou la plus impliqué(e).

Pour faire court

Je pourrais résumer cette méthode en deux étapes.
La première est de calculer la base imposable, or celle-ci dépend du régime fiscal :

- Les revenus fonciers : tous les revenus locatifs sont pris en compte, la déduction des charges est limitée à du strict immobilier patrimonial. Ce régime n'est accessible qu'à la location nue.

- Le LMNP/LMP : ce régime concerne la location meublée uniquement.

  À la base imposable calculée précédemment, tu vas ajouter les amortissements et toutes les dépenses liées à l'activité et qui ne seraient pas déductibles des revenus fonciers. Je pense par exemple à la facture d'un bon restaurant avec ton banquier ou ton chasseur de biens.

  Tu ajoutes à cela les frais d'adhésion au CGA et tu as ta base imposable au LMNP/LMP.

  Si tu réalises un bénéfice, attention, car en l'absence de CGA, ton résultat imposable sera automatiquement majoré de 25 %.

Pour les impositions au micro, pour obtenir la base imposable, il suffit de déduire des loyers le taux d'abattement correspondant à l'activité.

- À l'IS, que le bien soit meublé ou pas, ce régime est accessible.

  Pour calculer la base imposable, tu repars de la base LMP/LMNP sans t'encombrer du CGA[12], et tu ajoutes la CRL sur les loyers.

Cette première étape te permet de calculer la base imposable des revenus locatifs en fonction du régime d'imposition.

---

[12] Car il ne concerne pas les sociétés à l'IS.

Puis tu appliques à cette base imposable le taux d'imposition correspondant :

- Pour les revenus fonciers : le TMI + le taux applicable aux prélèvements sociaux.
- Pour les revenus LMNP : le TMI + le taux applicable aux prélèvements sociaux.
- Pour l'IS : le taux d'IS applicable + imposition des dividendes s'il est prévu de ressortir le cash disponible.

Pour les loueurs professionnels et les investisseurs en SARL, il faudra ajouter les cotisations sociales.

C'est ainsi qu'il est possible de facilement calculer la rentabilité après impôts d'un bien immobilier et surtout d'en comprendre les rouages et de voir sa simplicité :)

Comment Bien Choisir Son Expert-comptable

"À un entretien, la première impression n'est pas nécessairement la bonne, toutefois toutes les questions qui s'ensuivent sont orientées par cette première impression".

Ron Friedman

Tu as peut-être fait appel à un expert-comptable pour gérer tes chiffres ou tu comptes le faire. Je sais que certains investisseurs se plaignent d'un manque d'implication, d'autres n'en ont pas conscience et d'autres encore sont tombés sur la perle rare. Pas si rare que ça si on fait un minimum de sélection.

L'objectif de ce chapitre est de t'éviter de rencontrer le même sentiment de *frustration* que d'autres ont pu éprouver et t'aider à faire le bon choix. Car un bon expert-comptable est un allié de premier choix.

Trouver la perle rare...

Le mythe du bon comptable n'existe pas. Tout dépend de TOI.

Quels sont tes besoins ? Proximité ? Conseil ?...

Le premier rendez-vous avec un expert-comptable, c'est comme passer un entretien d'embauche. Le tout est de savoir si la collaboration est possible.

Tu vas évaluer l'adéquation des compétences et de la personnalité de l'expert-comptable avec tes attentes et tes ambitions.

Je te rassure : pour un ou deux meublés, tu as de fortes chances de tomber sur un expert convenable, correct. Et tu peux même très bien t'en passer, il n'est pas obligatoire. Honnêtement, j'ai fait des bilans immobiliers pendant des années, au vu du volume d'affaires, à titre personnel, je ne paierai jamais 300 € un expert-comptable pour simplement tenir ma comptabilité et faire ma déclaration fiscale. Maintenant, pour la construction d'un groupe de sociétés, je ne m'en passerais pas et mettrais en place un système de double contrôle optimisé.

D'ailleurs, si tu es intéressé par faire ta comptabilité LMNP sans prise de tête et avoir juste les bonnes cases à reprendre pour la télédéclaration, j'offre sur mon site internet un super outil automatisé pour le faire.

Enfin bref, tu l'as compris, l'expert-comptable n'est pas obligatoire mais peut être un allié nécessaire. Développer tes compétences en matière comptable et financière te permettra de mieux cerner la qualité de ses conseils.

Pendant l'entretien, relève les petits détails. Ils ont leur importance. Lors d'entretiens d'embauche, j'ai remarqué que lesdits petits détails étaient en fait des sujets importants.

Par exemple, on m'a parlé d'une charge de travail adaptée alors que les gens faisaient des heures de malade. Une autre fois, le directeur me vantait la bonne mutuelle de l'entreprise alors qu'il essayait depuis un an de la faire sauter pour placer un de ses amis, courtier en assurance.

D'où l'intérêt de préparer tes questions et c'est ce que nous allons voir dans la suite de ce chapitre.

Le client partage son trône

Tu connais ces restaurants touristiques, hyper bien placés, autrement connus sous le nom d'attrape-touristes.

Ils ne prennent pas la peine de soigner leur accueil ou la qualité de leur nourriture car ils savent que même si tu n'es pas content, d'autres touristes viendront.

Eh bien, pour l'expert-comptable c'est pareil, il est en position de force ! La demande est supérieure à l'offre.

C'est comme la pénurie d'infirmières : la profession d'expert-comptable a tellement fermé ses portes ces soixante dernières années qu'il n'y en a plus assez. La population d'experts-comptables est vieillissante, il en existe déjà une pénurie en province.

Donc que cela soit toi ou un autre, ton expert-comptable aura toujours de quoi manger, des clients viennent à lui tous les jours. C'est lui le roi, tout comme toi.

Et sa responsabilité

Imagine un investisseur qui trouve un super immeuble avec des travaux qui vont lui permettre d'augmenter la valeur du bien et de baisser ses impôts.

La perle rare avec, si tout se passe bien, une rentabilité de dingue à 20 %.

Ne serait-ce pas fou qu'il signe chez le notaire sans vérifier le marché locatif ?...

Eh bien, pour l'expert-comptable, c'est pareil. Pourquoi avoir une confiance aveugle en lui ? Parce qu'il est diplômé ?

Bien souvent, les investisseurs oublient qu'ils restent capitaine du navire, ce sont eux les responsables. En cas d'erreur ou d'oubli de déclaration auprès de l'administration fiscale, cette dernière va se retourner contre l'investisseur car il est LE responsable légal. Ensuite, il pourra se retourner contre son expert-comptable, mais comme celui-ci est protégé par un ordre je lui souhaite bon courage, regarde sur les forums...

Prendre ses responsabilités ne signifie pas, bien entendu, gérer la complication mais anticiper le risque et garder le contrôle à la hauteur de sa responsabilité.

Quelle mission pour l'expert-comptable

L'expert-comptable est un comptable +++ dans le sens où de par sa formation poussée et transversale, il pourrait être capable de totalement assister et conseiller le dirigeant d'une entreprise.

Son niveau de compétences va dépendre de son implication mais aussi de sa spécialité, j'y reviens un peu plus loin.

Bien qu'il ne soit pas obligatoire, l'expert-comptable a pour mission première d'attester qu'aucune anomalie pouvant remettre en cause la sincérité et la vraisemblance des comptes annuels n'a été relevée... d'après les informations fournies par le chef d'entreprise (c'est comme cela que beaucoup se déchargent de leur responsabilité : en cas de problème, ils cherchent une faille pour dire que des informations étaient manquantes).

S'ajoutent à cette mission première la tenue comptable, les déclarations fiscales, voire juridiques.

Une autre personne que tu peux rencontrer dans ton parcours est le commissaire aux comptes*, le CAC[13].

---

[13] Prononcé « caque »

C'est un auditeur qui certifie que les comptes annuels respectent la loi et les règles en vigueur.

Pour simplifier, l'expert-comptable établit les comptes selon les règles et le commissaire aux comptes (CAC) vérifie que les comptes établis respectent bien les règles.

Jusqu'en 2008, pour être CAC cela nécessitait un Bac + 3 et huit ans pour l'expert-comptable. Donc ne paie pas plus cher un expert-comptable parce qu'il est CAC, et fuis ceux qui se servent de cet argument pour justifier des prix exorbitants.

Un expert-comptable ne peut pas être commissaire sur un dossier qu'il gère et inversement. C'est comme passer un examen en étant le candidat et le correcteur en même temps, un problème d'impartialité se crée.

Démarrer une bonne relation avec son expert-comptable

Pour bien démarrer la relation avec ton expert-comptable, définis ce qui est important pour toi : la proximité de l'expert-comptable (on-line ou off-line), son prix, sa disponibilité, des conseils personnalisés, un suivi ou reporting…

Avant de prendre contact avec lui, vérifie qu'il est bien inscrit à l'ordre des experts-comptables, faute de quoi il n'est pas habilité à l'être. Pour cela, va sur le site de l'ordre des experts-comptables : dans le menu principal, tu trouveras, pour faire ta recherche, un onglet annuaire.

S'il n'est pas inscrit à l'ordre, en cas de faute, erreur de sa part, tu ne bénéficieras pas de la couverture d'assurance des professionnels de l'expertise comptable. D'ailleurs, certains cabinets utilisent cette garantie (notamment une garantie de 500 000 € par sinistre) comme argument de vente et justifient ainsi des tarifs élevés. Cette garantie est obligatoire pour chaque expert-comptable dûment déclaré.

Ensuite, prends rendez-vous et prépare une liste de questions. Sens-toi à l'aise de poser toutes les questions qui te viennent à l'esprit.

La première consultation est, en général, gratuite. Certains experts-comptables la facturent entre 80 € et 200 € de l'heure.

Les questions importantes à poser avant de s'engager

- **Quelles sont vos spécialités ?**

Sais-tu que ton expert-comptable est un généraliste avant tout ?

Quand tu prends l'expert-comptable de ton oncle Hubert ou celui à côté de chez toi, t'es-tu demandé s'il connaissait l'immobilier ? L'immobilier représente quel pourcentage de son activité ?

Assure-toi que l'expert-comptable connaisse le secteur de l'immobilier. Il a avant tout une formation généraliste. Il se spécialise dans différentes activités en fonction de sa clientèle et de ses préférences. Il est toujours bon de prendre un cabinet spécialisé dans son activité, bien que pour des dossiers simples, un bon généraliste puisse suffire.

Toutefois et de manière générale, s'il te répond : « Oh, vous savez, la comptabilité, c'est la même pour tous », ne signe rien avec lui et continue tes recherches. Il y a fort à parier qu'il ne soit pas assez impliqué et/ou spécialisé. C'est le même modèle que grande surface VS magasin spécialisé.

- **Quelles sont les prestations incluses dans le budget annoncé ?**

Il existe plusieurs prestations qui peuvent se compléter l'une l'autre. Pour éviter toute mauvaise surprise, demande quelles sont les prestations incluses ou non dans le budget annoncé.

Demande si tu pourras avoir la possibilité de poser des questions pour du conseil ? À quel prix ? Avec quel délai de réponse ?

Avec autant de clientèle à satisfaire, l'expert-comptable est un chef d'entreprise bien occupé et pas toujours très disponible.

- **Si nous travaillons ensemble, qui sera mon collaborateur attitré ?**

Très important d'avoir un référent unique, surtout avec le LMNP/LMP qui permet, de par son faible volume d'activité, de faire de la comptabilité à la chaîne.

En fonction de ses réponses, tu en apprendras davantage sur lui. Sois à l'écoute quand il te parle, n'anticipe pas ta prochaine intervention comme nous avons l'habitude de faire.

Avant de commencer toute collaboration, signe absolument une **lettre de mission**. Elle détermine les tâches que l'expert va réaliser pour toi, le tarif, les conditions de rupture du contrat, son renouvellement... Elle est le document sur lequel les juges vont s'appuyer en cas de litige. Cette lettre de mission dessine la frontière des responsabilités de chacun (l'expert et toi). L'ordre des experts-comptables rend la signature de cette lettre obligatoire. Pas de lettre, pas de mission !

Un expert-comptable qui ne signe pas de contrat te donne déjà une idée de sa qualité.

Il préfère le droit comptable

Lors de l'acquisition d'un bien immobilier, tu paies le prix du bien plus des frais supplémentaires comme les frais de notaire.

Ces frais supplémentaires sont appelés frais d'acquisition.

Aux BIC (LMNP et LMP) ou à l'IS, la comptabilisation des frais d'acquisition peut suivre deux méthodes :

1. **La méthode préférentielle : c'est la méthode recommandée par le plan comptable.**

Les frais d'acquisition sont ajoutés au prix d'achat du bien. L'ensemble représente le coût d'acquisition.

Ce coût d'acquisition est décomposé en différents éléments qui constituent le bien immobilier (terrain, gros œuvre, installation générale ou spécifique).

Une fois décomposé, le bien est amorti. C'est ce qui crée une charge fictive, l'amortissement.

Toutefois, la partie du coût d'acquisition répartie dans l'élément terrain n'est pas amortissable. Car en comptabilité on dit que le terrain ne se déprécie pas, c'est-à-dire qu'il a une durée d'utilisation illimitée dans le temps, ce qui n'est pas faux.

Ce qui signifie, pour les frais d'acquisition répartis sur l'élément terrain, qu'à aucun moment cette fraction du coût d'acquisition ne peut être déduite.

Avec la méthode préférentielle, les frais d'acquisition sont déductibles fiscalement au fur et à mesure des amortissements. La part des frais décomposés dans l'élément terrain n'est jamais déductible.

La déduction est échelonnée et partielle.

2. L'autre méthode

Les frais d'acquisition sont enregistrés en charges. Ils ne sont donc pas inclus dans le coût d'acquisition et ne sont pas décomposés et amortis.

Dans cette méthode, les frais d'acquisition sont fiscalement déductibles à 100 % dès l'année d'acquisition.

La déduction est immédiate et totale.

Ton expert-comptable suit les règles comptables et ces règles ont pour « instruction » de comptabiliser les frais d'acquisition avec le bien immobilier, c'est la méthode préférentielle.

Avec la méthode préférentielle, le bilan comptable représente mieux l'ensemble des efforts financiers fournis pour acquérir le bien, sauf que les intérêts de la comptabilité ne sont pas forcément les tiens.

Comptabiliser les frais d'acquisition en charges est fiscalement plus avantageux que de les enregistrer avec le prix d'achat du bien car la déduction est immédiate et totale.

Par exemple
Un bien d'une valeur de 100 000 €, avec des frais d'acquisition de 10 000€.
La quote-part de terrain est de 15 %

Méthode 1 :

- *Calcul de la quote-part de terrain :*
  (100 000€ + 10 000 €) x 15 % = 16 500 €

Méthode 2 :

- *Calcul de la quote-part de terrain :*
  100 000€x 15 % = 15 000 €

Avec la première méthode, la quote-part non amortissable, et donc non déductible, représente 16 500 € alors qu'avec la deuxième méthode, elle s'élève à 15 000 €.
La deuxième méthode permet d'augmenter le montant des charges déductibles de 1 500 €.

Egalement, au lieu de déduire les frais d'acquisition au fur et à mesure des amortissements, ils seront déductibles à hauteur de 10 000 € dès la première année.

Pour optimiser ta fiscalité et réduire tes impôts, demande à ton expert-comptable d'enregistrer les frais d'acquisition en charges.

Pour Faire Court

Bien que l'expert-comptable ne soit pas obligatoire, il peut être un partenaire de choix pour l'investisseur avec un gros patrimoine. Sa formation étant généraliste, il est plus qu'opportun de choisir un expert-comptable spécialisé dans l'immobilier locatif.

Les règles de la collaboration s'organisent autour du contrat qu'est la lettre de mission, elle est primordiale. Grâce à une série de trois principales questions, il est possible de s'engager sur les bases d'une bonne relation : quelle spécialité ? quelles prestations pour quel prix ? qui s'occupe de mon dossier ?

Il est possible d'optimiser sa fiscalité en enregistrant les frais d'acquisition en charges au lieu de les amortir.

Conclusion

Notre aventure ! Voilà les mots utilisés par Isabelle, une investisseuse, pour parler de son parcours d'investisseur.

Comme Isabelle, je crois sincèrement que l'investissement locatif est une aventure. Une aventure entreprise avec confiance et sérénité lorsqu'un plan, une stratégie, une feuille de route a été établie.

La phase de préparation est primordiale, c'est le premier pas de cette aventure, le deuxième est d'aller visiter des biens.

C'est tout con, mais le simple fait d'aller visiter te met dans l'ambiance. Si tu as des freins concernant la banque, le budget, l'agent immobilier, les calculs, tu vas vite vouloir t'en affranchir…

Bien préparé et bien sécurisé, tu ne perds rien à investir en immobilier locatif, c'est un actif immuable concret nécessaire à tous.

C'est grâce à ces deux premiers pas que tu vas pouvoir facilement et avec confiance sélectionner le bien et la fiscalité adaptés pour toi.

Ensuite viendra la phase d'exploitation où certes l'optimisation de la rentabilité reste en vigueur mais où il ne faut pas perdre de vue l'utilisateur final : ton locataire. C'est pour lui avant tout que tu crées de la valeur. Il te le rend notamment au travers du prompt paiement des loyers.

En complément...

Pour compléter ton apprentissage et rendre plus facile son implémentation, inscris-toi à la formation qui accompagne ce livre.

https://funkycompta.fr/i-formation-fiscalite-immobiliere/

Tu y trouveras plus de détails sur comment se calcule le déficit foncier, comment marche un amortissement, ou tout simplement sur les régimes LMNP et LMP.

C'est une formation courte et ludique qui te permettra de varier les canaux d'apprentissage afin d'apprendre sans prise de tête pour enfin avoir une vision claire et investir sereinement.

Continuons à échanger...

- **Sur le groupe Facebook FISCALITÉ IMMOBILIÈRE**

J'anime sur Facebook un groupe privé exclusif dans lequel on parle d'immobilier, de fiscalité et d'optimisation. J'y partage des astuces d'optimisation et je réponds aux lecteurs qui m'interrogent sur un élément de compréhension du livre.

Pour valider ton adhésion au groupe, en principe, il y a une série de questions auxquelles répondre. Cependant, en tant que lecteur du livre, un avis sur le site d'achat du livre suffit, quel qu'il soit. Indique-le-moi lors de ta demande d'adhésion au groupe sur Facebook.

J'en profite pour d'ores et déjà remercier tous ceux qui participeront à rendre ce livre vivant de par leurs commentaires.

Dans notre économie actuelle basée sur l'information et la connaissance, vos commentaires valent de l'or car ils permettent au livre d'être vu. Ils me permettent également d'améliorer le livre, de développer des parties où je n'aurais pas été assez explicite, bref de l'optimiser.

Pour vous remercier de vos commentaires sincères, j'ai prévu une page de mon site pour vous permettre de recevoir un cadeau : un tableau récapitulatif du livre, ainsi que les deux logigrammes complets. Tout n'est pas encore packagé au moment où j'écris, mais je vais vous faire quelque chose de sympa.

https://funkycompta.fr/cadeau-commentaire/

- **Sur mon site internet funkycompta.fr**

Forte de mon expertise atypique, j'offre de nombreux outils pour aider les investisseurs immobiliers dans leur aventure et je publie des articles sur mon blog.

- **Sur les réseaux sociaux**

➢ Page Facebook : Funky Compta
➢ Groupe privé Facebook : Fiscalité Immobilière
➢ Chaîne YouTube : Funky Compta

Je te souhaite de tout cœur une belle aventure pleine de réussite.

Remerciements

Je suis profondément reconnaissante envers la Vie pour m'avoir soutenue, inspirée, guidée depuis toujours et spécialement pour la rédaction de ce livre. Vivre avec Toi est magique. Gratitude éternelle et grandissante.

Merci à toi Laure Mariet pour ton implication et tes remarques pertinentes. Sans toi ce livre n'aurait pas été abouti.

Merci à Ema, Emmanuelle, Adé, Céline(s), Marilou, Boris, Luca, Delphine, Christel, Eric, Nathan, Mickael, Slyde du club des 5 c'est ici que je puise ma force et ma persévérance. Spécial dédicace à Stéphane qui m'a tant apportée, je te donne un 16 ! Merci à Samuel pour nos supers échanges lors de l'écriture de ce livre :)

Merci Dova, Florent, Etienne pour vos relectures. Quelle chance d'avoir des amis en or.

Merci à toutes les personnes qui ont contribué de près comme de loin à l'édition de ce livre. Je pense notamment à Folco Chevallier qui m'a aidé à tenir les derniers mètres.

Merci à mes deux amours Emy et Harrison qui embellissent ma vie au quotidien. Je vous aime et vous remercie de tout cœur d'être là.

Merci à tous ceux qui d'une manière ou d'une autre m'ont soutenue, me soutiennent, et me soutiendront dans mon parcours de vie. Je pense à ma mère, Yin, Franck, William, Melissa, Sewrine, Micheline, Jean-Marc et ceux que j'oublie comme mes 2 frangins...

Un pour tous et tous pour un.

Annexe : Liste Des Meubles Obligatoires Pour La Location Meublée

La loi Alur précise que le mobilier doit être « en nombre et en quantité suffisante pour permettre au locataire d'y dormir, manger et vivre convenablement au regard des exigences de la vie courante ». Ce décret liste le mobilier minimum obligatoire :

- literie comprenant couette ou couverture ;
- dispositif d'occultation des fenêtres dans les pièces destinées à être utilisées comme chambre à coucher ;
- plaques de cuisson ;
- four ou four micro-ondes ;
- réfrigérateur comportant au minimum un freezer ;
- vaisselle nécessaire à la prise des repas ;
- ustensiles de cuisine ;
- table et sièges ;
- étagères de rangement ;
- luminaires ;
- matériel d'entretien ménager adapté aux caractéristiques du logement.

(http://www.cohesion-territoires.gouv.fr/parution-de-la-liste-du-mobilier-obligatoire-pour-louer-un-logement-meuble)

Lexique

Amortir : Reconstituer peu à peu le capital dépensé pour l'achat d'un bien grâce aux bénéfices tirés de ce bien. L'amortissement comptable d'un investissement est un rapport entre son coût et sa durée d'utilisation. http://bit.ly/vidéoamortissement.

CF : Cash-flow. Pour certains, il signifie la trésorerie brute mensuelle, c'est-à-dire loyers moins la mensualité de crédit. Pour d'autres c'est la trésorerie après avoir tout payer, ce qui est plus économiquement plus juste.

Commissaire aux comptes [14]: Le Commissaire aux Comptes (CAC) est un auditeur légal et externe à l'entreprise. Il intervient pour vérifier la sincérité et la conformité des données financières de l'entreprise avec les normes en vigueur.

Une société est obligée de faire appel à un Commissaire Aux Comptes pour certifier ses comptes lorsqu'elle dépasse (elle et ses filiales) deux des trois seuils suivants :

- le bilan est d'au moins 4 millions d'euros
- le chiffre d'affaires annuel hors taxes est d'au moins 8 millions d'euros
- l'effectif est supérieur à 50 salariés

---

[14] www.l-expert-comptable.com

Dans les autres cas, l'intervention du Commissaire aux Comptes est facultative.

Coût d'acquisition : total des sommes dépensées pour acquérir le bien (Prix d'achat du bien immobilier, frais de notaire, honoraires d'un chasseur de bien, frais bancaire sur la conclusion de l'emprunt…)

Déficit : lorsque les recettes sont inférieures aux dépenses.

De plein droit : Expression qui signifie qu'une règle, lois s'applique de façon automatique.

F.A.I. : Frais d'agence inclus. Il s'agit des frais de l'agent immobilier.

Intuitu personae *:* est une locution latine signifiant « en fonction de la personne ». On l'utilise pour qualifier une relation existant entre deux personnes qui ne peut pas être transposée à d'autres personnes. C'est le cas par exemple de l'offre de prêt.

TMI : Taux marginal d'imposition

En France, Le barème de l'impôt sur le revenu est progressif.

Cela signifie que pour calculer le montant d'impôt à payer, ton revenu imposable est réparti dans des tranches, chacune ayant un taux d'imposition différent (0 %, 14 %, 30 %, 41 %, 45 %). La détermination du taux marginal d'imposition revient donc à connaître le taux d'imposition applicable à la partie supérieure de ton revenu (dernière tranche atteinte). En effet tout nouveau revenu supplémentaire que tu vas dégager sera imposé au taux de cette dernière tranche. C'est pour cela que l'on utilise beaucoup le TMI pour estimer ton impôt.

Au chapitre « Comment est calculé l'impôt », tu trouveras la méthode pour calculer ton taux marginal d'imposition (c'est-à-dire la tranche maximum du barème d'imposition).

Vacance : est la conséquence de la non-location du bien immobilier entre deux locataires par exemple.

Sources complémentaires

- Obligations déclaratives du loueur de tourisme : Article L324-2-1 du code de tourisme

- Exonération des plus-values des particuliers : BOI-RFPI-PVI-10-40-

- Réserve légale d'une société à responsabilité limitée : Article L232-10 du code de commerce

- Dispositif Pinel : Article 199 novovicies du code général des impôts.

- Micro Foncier : BOI-RFPI-DECLA-10

- Micro BIC : BOI-BIC-DECLA-10-10-10

- Contribution sur les revenus locatifs : BOI-RFPI-CTRL-20-30

- Article sur l'expert-comptable : http://bit.ly/article1source

La SARL de famille peut opter à l'IR : Article 239 Bis AA du code général des impôts.

Printed in Great Britain
by Amazon

33708495R00102